Topos Taschenbücher
Band 263

Josef Sudbrack

Was heißt christlich meditieren?

Wege zu sich selbst und zu Gottes Du

Topos Taschenbücher

Lizenzausgabe
Originaltitel: „Sich in Gottes Ordnung bergen"
© 1986 Echter Verlag, Würzburg

Die Deutsche Bibliothek – CIP-Einheitsaufnahme

Sudbrack, Josef:
Was heisst christlich meditieren? : Wege zu sich selbst und zu
Gottes Du / Josef Sudbrack. – Mainz : Matthias-Grünewald-
Verl., 1996
    (Topos-Taschenbücher ; Bd. 263)
    ISBN 3-7867-1953-5
NE: GT

© 1996 Matthias-Grünewald-Verlag, Mainz
Alle Rechte beim Echter Verlag, Würzburg
Reihengestaltung: Harald Schneider-Reckels und Iris Momtahen
Umschlagabbildung: Christus in der Versuchung durch den Widersa-
cher. Ausschnitt. Book of Kells. Irisch, nach 800.
Druck und Bindung: Clausen & Bosse, Leck

ISBN 3-7867-1953-5

Inhalt

Zur Neuauflage

Es ist ein Buch der Praxis. Kaum anderswo habe ich so viel Persönliches investiert wie in diese Arbeit, die zuerst vor zehn Jahren erschien.

In ihr liegen viele Erfahrungen – ohne jeweils namhaft gemacht zu werden. So die drei Jahre täglicher Meditation im Stil des Zen (heute ziehe ich Musik, Kunst, Lyrik, Natur vor). Und die Erfahrungen von Menschen aller Altersklassen und Berufe, die ich begleiten durfte.

In ihr liegt eine existentielle-theoretische Auseinandersetzung auf verschiedensten Ebenen: Gespräche, Workshops und insbesondere Literatur. In anderen Büchern habe ich darüber Rechenschaft gegeben.

Dahinter liegt insbesondere mein christliches Erbe, das oft angefochten wurde – sei es vom marxistischen Idealismus, von der bewundernswürdigen ostasiatischen Spiritualität, von dem, was man Moderne/Postmoderne nennt. – Daß mein Erbe bestärkt daraus hervorging, bezeugt dieses Buch.

Das Buch dokumentiert ein Gespräch der unmittelbaren Erfahrung mit der theologisch-psychologischen Reflexion. Ob nicht das Mißglücken oder gar der Ausfall dieses Gesprächs eine der Ursachen ist für die offensichtliche, eher zu- als abnehmende Krise von Kirche und Christentum?

Zwar wächst in der Theologie das Interesse am Thema Erfahrung. Aber dies bleibt Theorie, wenn nicht konkrete Methoden, wenn nicht der Erfahrungsschatz der großen Religionen und der nicht-religiösen Traditionen die theologische Reflexion untermauert.

Umgekehrt hat die christliche Meditationspraxis kaum Interesse am Gespräch mit der Theologie. So möchte sie – gegen die Vorkämpfer der meditativen Besinnung, Graf Dürckheim, Enomiya-Lassalle, J.B. Lotz, Kl. Tilmann –

das vermeintlich alte Wort „Meditation" durch „Kontemplation" ersetzen; denn – so liest man – mit Kontemplation habe man doch das „gegenstandsfreie Beten" gemeint. Aber ein Blick in diese Überlieferung zeigt: „Contemplatio" übersetzt das griechische „Theoria"; das ist ein verharrendes Schauen auf ein Gegenüber – sei es eine Sache, sei es Gott.

Hier soll das Wort „Meditation" in der von den Vorkämpfern vertretenen Weite bewahrt bleiben. Daß darüber auch reflektiert werden muß, zeigt z.B. die Monographie von Klaus Engel: Meditation: Geschichte, Systematik, Forschung, Theorie (1995). Sie greift die „Erfahrung" der sogenannten gegenstandsfreien Meditation (modisch: Kontemplation) auf und beweist „naturwissenschaftlich", daß sie technisch (Gehirnströme, Drogen usw.) zu produzieren ist. Gott – oder wie man die Erfahrung nennen mag – sei ab- und in „operationalisierbare empirische" Tatbestände auf-gelöst.

Im Gespräch mit solchen „wissenschaftlichen" Arbeiten wird das Profil der christlichen und (wie ich glaube) jeder voll-humanen Meditation sichtbar. Dort geht es nicht nur um die dort vertretene „Binnen"-Transzendenz der Bewußtseinserweiterung ins Unbegrenzte, um das, was Emmanuel Levinas „Totalität" nennt. Dort geht es um echte Transzendenz, die den Horizont der noch so weit gewordenen Selbsterfahrung sprengt zum (A)anderen hin; um die wahre „Unendlichkeit", der das Lebenswerk von Levinas gilt. Schon als vor Jahren der Psychiater Stanislav Grof klug und behutsam zeigte, daß die Erfahrung des „gegenstandslosen" Meditierens durch Drogen wie LSD im Menschen hervorgerufen werden und (bei gewissenhafter Begleitung) aufbauend sein kann, hat dies Gespräch angestanden.

Es geht immer mehr darum, ob die christliche Erfahrung aufgelöst wird in ein „Soft"-Erleben ohne Kreuz, ohne Entscheidung, wie z.B. in einer Exerzitien-Anleitung

(Gott finden im Alltag, 1996); oder ob sie – wie auch die großen ostasiatischen Erfahrungen – den ganzen Menschen, in Freude und Not, in Hoffnung und Anforderung umfassen muß.

Dies sind Anliegen, von denen die schlichten, im Übungsbereich bleibenden Ausführungen vorliegender Arbeit getragen sind.

Pfingsten, 1996   *Josef Sudbrack*

Stichwort Meditation

Seit etwa fünfzehn Jahren kann man im deutschsprachigen Raum von einer Meditationsbewegung sprechen. Damals, nach dem revolutionären Aufbegehren von 1966 bis 1968, meinten noch viele, das Meditieren sei eine Modeerscheinung. Doch inzwischen hat sich überdeutlich gezeigt, daß durch die mit »Meditation« gemeinte Sache etwas abgedeckt wird, wonach die Menschen unserer Zeit schreien. Wenn man die Weiterentwicklung des meditativen Anliegens in den Jugendreligionen, in der »New-Age-Bewegung«, in der sogenannten »Neuen Religiosität«, in der Hinwendung zu den ostasiatischen Religionen überblickt, dann darf gefragt werden, ob das Christentum nicht im Begriff steht, eine wichtige Chance, einen »Kairos« zu versäumen. Meditation steht nämlich für ein Anliegen, das in den Blütezeiten des christlichen Glaubens einfachhin da war, das aber unserem heutigen Christentum zu fehlen scheint. Man kann dafür auch das Wort »Erfahrung« einsetzen.

Von diesem Blickpunkt aus ist es antiquiert, wenn man immer noch »Glaube« gegen »Erfahrung« stellt – als habe nicht jeder echte Glaube ein Fundament in der Persönlichkeit, in der Existenz; Teresa von Avila würde sagen: im »Inneren«, in der »Seele«, eben in der »Erfahrung«. Nur so ist Glaube »persönlicher« Glaube.

Antiquiert kommt es einem auch vor, wenn die Zukunft des christlichen Glaubens allein von seiner sozialen Wirksamkeit, seiner politischen Bedeutsamkeit, seinem gesellschaftlichen Einfluß her gesehen und bereitet wird. Was der Soziologe Shmuel Noah Eisenstadt in der Nachfolge von Max Weber mittels einer historischen Bestandsaufnahme gezeigt hat, gilt heute wie eh und je: Je stärker eine Weltanschauung ihren transzendenten, ihren über den gesellschaftlich-politischen Bereich hinausragenden Bezug lebt, desto einflußreicher wird sie im gesellschaftlichen Bereich; je mehr sie aber allein das Gesellschaftliche in den Mittelpunkt stellt, desto mehr schwindet ihr gesellschaftlicher Einfluß. »Je mystischer desto sozialer!«

Christentum bringt eine transzendente Botschaft, eine Hoffnung über den Tod hinaus – was auch immer damit gemeint sein mag –; es ist gerade aufgrund seiner Transzendenz, nicht trotz seiner Transzendenz, von tiefreichendem Einfluß in dieser Welt. Zukunft und damit Gegenwart des christlichen Glaubens sind vor allem – vom menschlichen Standpunkt aus beurteilt, denn Gott schreibt auch auf den »krummen« Linien unseres Versagens gerade – im bewußten, »erfahrenen« Vollzug dieser seiner transzendenten und für diese Welt so wirksamen Botschaft zu suchen.

Die Grundaufgabe für das Christentum von heute und morgen lautet also weniger: Wie wird die Botschaft gesellschaftlich und politisch wirksam?, sondern primär: Wie nehme ich und nehmen meine Mitmenschen sie in ihren persönlichen Vollzug hinein? Wie verwurzelt sich das Christentum in der Erfahrung des modernen Menschen? Wie kann ein Mensch in seiner heutigen Befindlichkeit eine Brücke schlagen zwischen dem Wort Gottes, das uns aus der Heiligen Schrift entgegenkommt, und seinem eigenen Erfahrungsraum? Dies trägt uns auch Jesus in der Bergpredigt auf: »Euch aber muß es zuerst um sein Reich und um seine Gerechtigkeit gehen; dann wird euch alles andere dazugegeben« (Mt 6, 33).

Bedacht werden kann dieses Anliegen von mannigfachen Ansätzen her: von der Botschaft aus, von deren Repräsentation in der Gegenwart, also von der Institution der Kirche her und von ihren Verkündern, ihren Riten und ihren Aussagen her. Aber mindestens ebenso vordringlich ist die Frage von dem Menschen her zu bedenken, den die Botschaft trifft: Wie kann er – ich und du –

sich diese Botschaft zu eigen machen, diese Botschaft in seinen Erfahrungsbereich einlassen? Es geht um die Frage der christlichen Meditation.

Der Mensch ist in einer jahrhundertelang dauernden Entwicklung in eine Zeit hineingewachsen, in der das Stichwort »Erfahrung« wichtiger geworden ist als fast alles andere. Die abendländische Wissenschaft mit all ihren großartigen Ergebnissen baut seit dem Ende des Mittelalters auf Erfahrung auf. Damals wurde eine sogenannte »vorwissenschaftliche Weltsicht« durch eine »empirische«, auf Erfahrung gründende abgelöst. Der Siegeszug der Naturwissenschaften beruht darauf, und alle unsere heutigen Lebensvollzüge haben die gleichen Fundamente.

In der Theologie hat beispielsweise Karl Rahner mit seiner »transzendentalen Methode« einen genialen Versuch gewagt, von »empirischen«, allerdings tief in den Grund des Menschen hineinreichenden Wurzeln aus die Offenbarung zu verstehen. Doch schon die Schwierigkeit seiner Gedankengänge läßt ahnen, warum Menschen, die alles an »Erfahrung« messen, sich schwer tun mit Wahrheiten, die jenseits der Erfahrung ihren letzten Grund haben.

Die neueste Entwicklung zeigt wiederum, daß die Menschen von innen her diesen Schritt über ihre platte Erfahrung hinaus tun möchten. »Mystik«, »Transzendenz« usw. sind wieder hoch im Kurs. Und die ernst zu nehmende Wissenschaft hat längst erkannt, daß sie selbst immer nur ein vorläufiges, hypothetisches Bild der Wirklichkeit geben kann, das ständig korrigiert werden muß. Wir erleben heute, daß dieses Wissen um die Vorläufigkeit alles dessen, worauf Fortschritt, Technik usw. so stolz sind, immer weitere Kreise dazu führt, neue, tiefere Wege zu suchen. Immer mehr Menschen leiden an einer gleichsam »tiefen«-losen Empirie.

Hier also hat die Botschaft Jesu von Gott und vom Jenseits eine neue, typisch moderne Chance. Sie darf also keineswegs hinter das »erfahrungs-«gebundene Gegenwartsbewußtsein zurückgehen. Sie muß in der Erfahrungsmentalität von heute ihren Platz suchen – nicht um darin stecken zu bleiben, sondern um den Menschen in seiner Situation zu treffen und weiterzuführen.

Was die Theologie als »transzendentale »Methode« oder anders (P. Tillich spricht z. B. von der Methode der »Korrelation«) aufgezeigt hat, braucht für die Erfahrung einen entsprechenden Vollzug. An dieser Stelle steht das Stichwort »Meditation«. Es wäre töricht, früheren Generationen das abzusprechen, was man heute unter »Meditation« versteht. Aber für sie war es selbstverständlich, daß der Glaube aus der Erfahrung erwächst; es brauchte keine besondere Pflege. Heute ist dies – für Gläubige wie für Ungläubige – zur Frage geworden. Und deshalb muß auf die Erfahrungsdichte des Glaubens und seiner Wahrheiten von neuem und ausdrücklicher als bisher Wert gelegt werden.

»Meditation« ist zwar nicht das einzige Stichwort, das hier zu erwähnen wäre und das eine Antwort auf das moderne Suchen bietet. Aber es ist eines der wichtigsten. Und an ihm lassen sich die Chancen wie zugleich die Gefahren aufzeigen, die der Brückenschlag zwischen Glaube und Erfahrung mit sich bringt.

Die Frage nach der Terminologie – Betrachtung oder Beschauung, was lateinisch (K)Contemplatio(n) heißt; Meditation, vom Wortsinn her als abwägendes Sich-zu-eigen-Machen zu deuten; Verinnerlichung; Innerung; Versenkung usw. – ist nur zweitrangig und kann, wenn man sie ideologisch zementiert, den Wachstums- und Reifeprozeß hemmen.

Dringlichkeit des Meditierens

Hier wird also nicht dem philologischen und geschichtlichen Ursprung des Wortes »Meditation« nachgegangen. Wir möchten an dieser Stelle auch nicht in die Diskussion um Verständnis und Methoden der Meditation eintreten – die vorzustellende Praxis wird darauf von selbst antworten. Wir möchten das umschreiben und umgrenzen, was man unserer Meinung nach heute unter Meditation versteht und was dem eben gezeigten Fragestand entspricht.

Es geht um Erfahrung. Im orthodoxen Christentum fand man dafür die Formel: »Vom Kopf ins Herz«, also von der Kenntnisnahme zur emotionalen Bejahung, vom Registrieren zum Ergriffensein, vom Gedächtnis ins Gemüt.

Es geht dabei um etwas Ganzheitliches – und dies zuerst vom Menschen her gesehen, der da meditiert. Er soll sich nämlich ganz einbringen, all seine Fähigkeiten, in der klassisch gewordenen Aufteilung: Verstand, Wille und Gemüt; oder nach der Gliederung der Mystik: Leib, Seele und Geist; je ganzheitlicher, desto »meditativer«.

Ganzheitlich auch von der anderen Seite her: Das, was meditiert wird, soll in eine Einheit einmünden. Was in der aristotelischen Logik als »Verstehen = Vereinheitlichen« gelehrt wurde, gilt ebenso für das Meditieren: Meditationserfahrung hat mit Einheitserfahrung zu tun. Wenn der Christ die Betroffenheit von fremder oder eigener Not zur Not Christi am Kreuz bringt, dann meditiert er.

Einheit ist immer auch ein Sinnträger: Wenn man die Scherben eines Kruges zusammenfügt, ist Sinn erstellt. Wer die Fragmente seines Lebens in die göttliche Liebe hineinlegen kann, weiß um den Sinn seines Lebens. Diesen Sinn des Daseins zu haben, ist uns Menschen in zwei Richtungen möglich. Mehr aktiv: Ich erstelle Sinn durch Vorsorge für die Zukunft; ich gebe dem Hungernden Brot; ich mache aus der Wildnis kultiviertes, menschenwürdiges Land; ich führe Menschen zum Frieden miteinander. Oder mehr empfangend-rezeptiv: Ich sehe den Sinn und lasse mich von ihm beschenken, wie wenn ich beim Betrachten eines Kunstwerkes plötzlich ergriffen bin von seiner Schönheit, seiner Aussage, seinem Impuls.

Es ist nun kein Zweifel, daß wir Menschen in der westlichen, abendländischen Tradition verlernt haben, Sinn zu sehen, zu empfangen, und immer den Sinn selbst erstellen wollen. In heilsgeschichtlicher Perspektive ist das die Paradieses-Versuchung: »Seid doch wie Gott, gebt mit eigener Kraft dem Ganzen einen Sinn, und laßt euch nicht von anderen, von dem Anderen, den Sinn schenken.« Statt also zuerst den »Sinn« von der Ordnung des Kosmos, der Offenbarung Gottes und der Geschichte der Menschheit her sich schenken zu lassen, steht der moderne Mensch in der Versuchung, alles das in die eigene Hand zu nehmen. Aus der »Gottesfinsternis« (nach Martin Buber: man vergißt die größere, uns geschenkte Ordnung) wird der »Gotteskomplex« (nach H. E. Richter: man wird krank an dem titanischen Vorhaben, selbst die Ordnung des Ganzen, den Sinn des Ganzen erstellen zu müssen).

Daran wird deutlich, in welche Richtung die Meditation heute führen sollte. Während der Mensch der Antike und des Mittelalters – aber ebenso die Menschen, die heute noch in Naturreligionen oder vortechnischen Weltanschauungen leben – in der vorgegebenen Ordnung sich bewegte und geborgen fühlte, hat der »homo faber«, der »selbstherrlich aktive Mensch« der westlichen Kultur sich diesen bergenden Raum zerstört und durch eigenes Planen und Forschen zu ersetzen gesucht. Heute stehen wir vor dem Scherbenhaufen dieses Bemühens.

Meditation im kleinen, persönlichen Raum möchte den Menschen wieder sensibel machen für die Ordnung und Schönheit der Wirklichkeit, damit er das Gespür für den bergenden Raum der Ordnung Gottes (Kosmos heißt: schöne Ordnung) wiedergewinne. Man kann den Weg der Meditation zwar gehen – und viele haben diese Richtung eingeschlagen –, indem man blind gegenüber den größeren Anliegen der anderen Menschen und der Welt sich zurückzieht in die Innerlichkeit und einer »Bewußtseinserweiterung« huldigt, die nur den eigenen Innenraum pflegt; man kann es tun, indem man sich gleich-

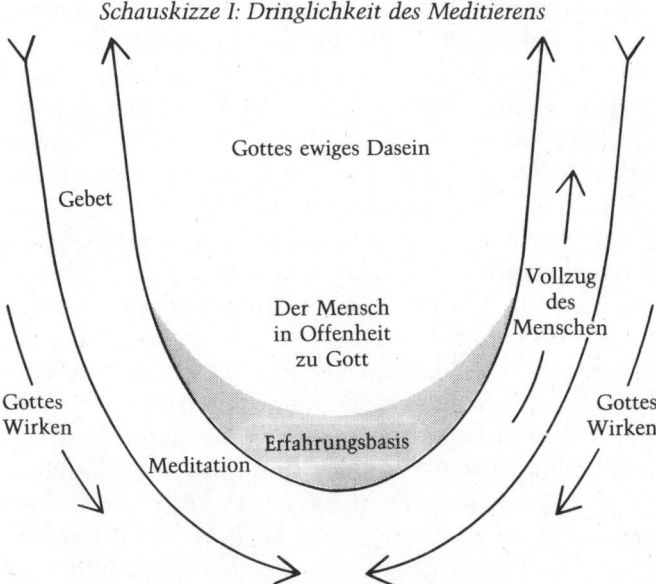

Schauskizze I: Dringlichkeit des Meditierens

Gottes ewiges Dasein

Gebet

Vollzug des Menschen

Der Mensch in Offenheit zu Gott

Gottes Wirken

Gottes Wirken

Erfahrungsbasis

Meditation

Der Mensch ist wie jedes Geschöpf eingeborgen in Gottes Wirken. Er allein aber kann dies bewußt vollziehen – und dies ist Beten im weitesten Sinn verstanden. Beten aber steigt aus der (guten oder bösen) Erfahrung auf zu Gott. Diese Basis der Erfahrung war früher von selbst gegeben. Heute wird sie immer schmaler. Meditation soll sie stärken.

sam nostalgisch in mehr oder weniger unwirkliche Ordnungen hineinträumt. Man kann und muß es aber christlich unternehmen, indem man das »meditiert«, was uns Gott selbst als Ordnung der Wirklichkeit, als Kosmos, als seinen »Garten« geschenkt hat. In diesem Bild gesehen wird das Meditieren zum Sich-Einfühlen, -Einleben, -Einbergen in Gottes Schöpfungsordnung und Gnadengeschenk.

Meditation im kleinen persönlichen Raum – aber auch im Gefüge der Gesellschaft – möchte »sensibel« machen für die größeren und damit auch tieferen Ordnungsbezüge und möchte dies auch »realisieren«; das bedeutet, diese – wie auch immer gedacht – Sinn-ordnung zur eigenen Erfahrung machen, sie sich verinnerlichen.

Dazu braucht es Methoden, Wege, Hinführungen. Dazu braucht es geordnete Übungen und festgesetzte Zeiten. Früheren Generationen war dies nicht so dringlich, weil sie im bergenden Raum des Ganzen zu Hause waren; das »Religiöse«, Sinnschenkende war ihnen ungebrochene Selbstverständlichkeit. Uns heute fehlt dieser bergende Raum der vorgegebenen Erfahrung. Wir müssen ihn uns neu erstellen. Das nun will die Meditation: uns in einen Raum führen, in dem wir »erfahren« können, daß das Dasein, die Wirklichkeit einen Sinn, ein Ordnungsgefüge, eine bergende Grundstruktur hat; uns den Garten Gottes neu erschließen, aufschließen.

Meditation ist somit von den zwei Polen her bestimmt: Erfahrung, die uns diesen Raum des Vertrauens schenken möchte, und Methode, die zu dieser Erfahrung hinführt. Dahinter aber steht das Anliegen von Sinn und Geborgenheit, wohin die Meditation uns den Weg zeigen will, damit wir wieder im »Garten Gottes« umhergehen können.

Offenes und geschlossenes Meditieren

Wer bewußt und in konsequenter Methodik meditiert, wird erfahren, daß die Meditation, je tiefer sie führt, um so deutlicher den Menschen existentiell betrifft und in Anspruch nimmt. Doch Meditation ist nicht gleich Meditation. Es gilt, angesichts der Überzahl der Angebote eine Wahl zu treffen. Deshalb werden einige Grundüberlegungen vorgelegt, die zwar die Entscheidung nicht vorwegnehmen können, die aber einen Leitfaden anbieten möchten, der zu einer solchen Entscheidung hinführen kann.

ZWEI WEISEN DES MEDITIERENS

Wenn die Meditation den Menschen in seiner tiefsten Überzeugung angeht, dann wird sich auch seine innere Haltung darin kundtun. Es ist – das ist festzuhalten – nicht zuerst eine Frage der Methode, ob jemand durch eine bestimmte Art des Meditierens zu einer Weltanschauung geführt wird, sondern vor allem eine Frage der inneren Haltung, aus der heraus er meditiert, und der Vorlage, die er meditierend sich verinnerlicht. Durch Meditieren allein wird man weder besser noch schlechter, weder christlich noch buddhistisch, weder umweltbewußt noch friedfertig. Aber das Meditieren kann jemanden so sensibilisieren, daß er das, was er in sich trägt, bewußter erlebt. Im Laufe der Zeit wird jeder, der intensiv meditiert, zeigen, wes Geistes Kind er ist. Die LSD-Forschung des Arztes Stanislav Grof hat dies wohl unwiderlegbar gezeigt. Das immer wieder gehörte Reden vom voraussetzungslosen »Meditieren«, das dann überdies als »gegenstandslos« angepriesen wird, ist von einer gesunden Anthropologie her gesehen ein Nonsens und –

als Letztziel propagiert – auch gefährlich. Es verleitet dazu, sich selbst als Voraussetzung und Ziel absolut zu setzen. Es kann höchstens die Methode, nicht aber die Haltung des Meditierenden umschreiben. In der sagenumwobenen Zeit der japanischen Samurai-Ritter meditierten sowohl die Guten wie die Bösen in der Art der gegenstandslosen Zen-Meditation und gewannen daraus Kraft für ihre ritterliche Fechtkunst – die einen stärkten dadurch ihre moralisch gute, die anderen ihre moralisch böse Grundhaltung. Ähnlich kann doch auch in der literarischen oder darstellenden Kunst die gleiche Genialität zur Verherrlichung des Bösen wie zur Verherrlichung des Guten ins Spiel gebracht werden.

Erst wenn die grundsätzliche Indifferenz des Methodischen feststeht und das Methodische nicht zum Selbstzweck erhoben wird, darf man weiter fragen, ob nicht doch in bestimmten Meditationsmethoden eine Art von weltanschaulicher Vorentscheidung enthalten ist; ob es nicht doch tendenziell »christliche«, »buddhistische«, »schamanistische«, »liberale«, »atheistische« Meditationsmethoden gibt.

Mir scheint, auch so ist die Frage noch ungenau, wenn auch nicht ganz falsch gestellt. Man sollte anders gewichten: Jede Meditationsmethode bringt eine Sensibilisierung des menschlichen Erfahrens- und Erkennenspotentials mit sich. Und jede Meditationsmethode kann dazu verführen, in diesem »Erfahrungspotential« hängenzubleiben. Ich kann Kunst meditieren und dann – wie Goethe im 9. Buch der Xenien – sagen: »Wer Wissenschaft und Kunst besitzt, / Hat auch Religion; / Wer diese beiden nicht besitzt, / Der habe Religion.« Der Erfahrungsraum von Wissenschaft und Kunst wird als in sich geschlossener, wenn auch vielleicht ständig zu erweiternder und zu vertiefender Bereich angesehen; aber er wird grundsätzlich nicht durchbrochen. Man kann dies eine »geschlossene Meditation« nennen, in der also der Raum des »Erfahrbaren« wohl zu erweitern, aber niemals grundsätzlich zu überschreiten ist.

Hierauf zielt die Anfrage vieler christlichen Theologen an die Absolutsetzung des »Meditierens«: Bleiben nicht bestimmte Meditationsanweisungen in dieser Erfahrungsimmanenz stecken? D. h., der Raum des »Erfahrbaren« wird grundsätzlich nicht durchbrochen ins Mehr-als-Erfahrbare hinein; Erfahrung bleibt »immanent«, im eigenen Raum. Das christliche Verständnis von Gott – und damit auch von der Beziehung des Menschen zu Gott – aber legt Wert darauf, daß Gott immer auch jenseits dessen ist, was immer auch in die menschliche Erfahrung eingeht.

Das immer wichtiger werdende Gespräch mit den Weltreligionen kann von einer Kriteriologie des Meditierens wichtige Anregungen nehmen. In diesem Gespräch mit den Religionen des Fernen Ostens, mit dem Schamanismus der Urreligionen, mit der neu aufbrechenden »New-Age-Bewegung« geht es stets um Erfahrung – und es ist üblich geworden, der sogenannten »Buch«-Religion des Christentums Verkopfung und Erfahrungsleere vorzuwerfen. Das Christentum sei intolerant. Und man folgert dann: »Religiös« sei es im Grunde gleichgültig, wo einer steht. Und – wie man es auch in christlichen Gruppen hört – in der Spitzenerfahrung der Mystik träfen sich sowieso alle Religionen.

Das ist rundweg falsch und beleidigt die fremde Religiosität ebenso, wie es die eigene, christliche verkennt. Das Stichwort »Ehrfurcht« wäre im Gespräch mit den großen religiösen Erfahrungen angemessener: Ehrfurcht vor der Persönlichkeit suchender Menschen; Ehrfurcht vor dem Geheimnis Gottes, das sich in den religiösen Überzeugungen anderer Religionsgemeinschaften verbirgt; Ehrfurcht vor der Wahrheit des Geheimnisses des Geistes, der weht, wo er will.

Eine solche Ehrfurcht vor dem Geheimnis Gottes, der

größer ist als mein und auch unser christliches Verstehen, wird sich im konkreten Fall der Begegnung zuerst darin zeigen, daß man auch den eigenen religiösen Raum ehrfürchtig betritt. Und dann kann man sich der fremden Mentalität nähern und wird gerade die Kriterien der »Offenheit«, die hier entwickelt werden, als Grundhaltungen entdecken, aus denen heraus die Begegnung verschiedener Religionen möglich ist.

Im Christentum hat sich diese Haltung der Ehrfurcht niedergeschlagen in der sogenannten »negativen Theologie«. Sie lehrt, daß das Letzte von Gott nicht mehr gewußt werden kann; daß Gott größer ist als alles Wissen von Gott; daß alle positiven Aussagen von Gott gipfeln müssen im Negativen; daß dieses Negative, das »Nichtwissen« von Gott, das Dunkle sogar Kriterium für jedes wahrhafte Wissen von Gott ist. Diese »Theologia negativa« aber hat ihr Fundament in einer »Spiritualitas negativa«, das besagt: Das Letzte von Gott kann auch nicht mehr »erfahren« werden, sondern übersteigt grundsätzlich jede Erfahrung – eine Wahrheit, die von vielen Meditationsbemühungen beiseite geschoben wird, die aber gerade im Religionsgespräch einen Schlüssel zum gegenseitigen Verständnis anbietet.

Meditieren im oben umschriebenen Sinn führt zur Erfahrung. Je stärker nun eine Meditationsmethode eine bestimmte Erfahrung vermittelt, desto größer wird die Gefahr, daß jemand im goethischen Sinn bei der Erfahrung von Kunst, Wissenschaft usw. stehenbleibt. Sie genügt ihm. Christliche Erfahrung aber trägt in sich selbst das Wissen und die Erfahrung, daß Gott stets mehr ist als alles, was ich von ihm erfahre. Die christliche Mystik lebte in all ihren Äußerungen von eben dieser Spannung: »Erfahrung und mehr als Erfahrung«, so läßt sich nach dem Sprachwissenschaftler J. T. Ramsey das Verhältnis der Erfahrung zu Gott benennen. Es ist zugleich auch die Struktur jedes Erkennens und Erfahrens von Gott.

Wenn diese Polarität von »Erfahrung und mehr als Erfahrung« reduziert wird auf nur einen Pol: nur »Erfahrung« oder nur »mehr als Erfahrung«, fällt die christliche Mystik, aber auch die christliche Meditation in sich zusammen. »Nur-Erfahrung« zerstört die Wirklichkeit des größeren Gottes und macht ihn zu einem menschlichen Besitz – zum Selbst im Sinn C. G. Jungs, zum magischen Popanz oder zum gnostischen Bescheidwissen über die letzte Wirklichkeit. »Nur-mehr-als-Erfahrung« aber würde Gott in die völlige Unerkanntheit, ins Dunkel fallen lassen. Im Grunde wäre das ein verschleierter Agnostizismus.

Schauskizze II: Offenes und geschlossenes Meditieren

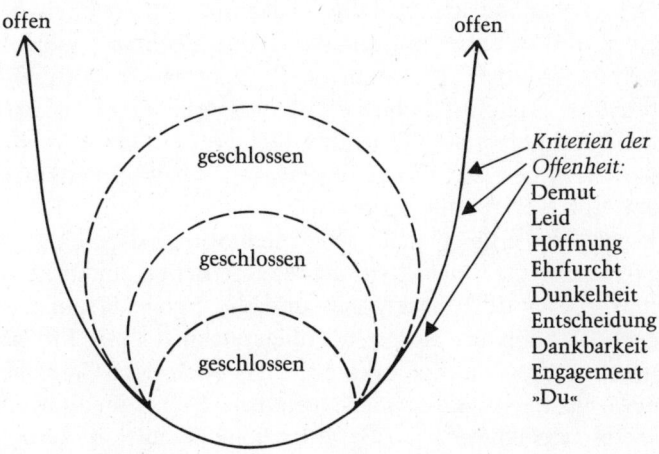

Jedes Meditieren kann in der Erfahrung steckenbleiben, ohne sich dem wesenhaften »Mehr« des Ursprungs allen Seins – das ist Gott – zu öffnen. Wo der Kreis um das Selbst sich schließt – in sublimer Geistigkeit oder unmittelbarer Leiblichkeit –, ist dabei nicht entscheidend.

Die Offenheit der Erfahrung zum endgültigen, nie zu umfassenden, aber doch zugänglichen Geheimnis ist Grundmerkmal des christlichen Meditierens. Das darf auf keinen Fall heißen, daß die Erfahrung mißachtet werden dürfte. Ganz im Gegenteil! Doch je tiefer die Erfahrung im Menschen lebendig wird, desto bewußter kann und wird der andere Pol werden: daß das letzte Geheimnis mehr ist als Erfahrung.

Das Gemeinte kann deutlich gemacht werden am Beispiel der zwischenmenschlichen Begegnung. Auch hier gilt das Gesetz, daß jede noch so tiefe »Erfahrung« der Freiheit des anderen Raum geben muß. Würde die freie Subjektivität des Geliebten aufgehen in der eigenen Erfahrung, dann wäre die Begegnung entstellt zum In-Dienst-Nehmen und Gebrauchen des anderen; statt Liebe gäbe es verkappte Selbstbefriedigung. Nicht ohne Grund war die menschliche Begegnung in der christlichen und in anderen theistischen mystischen Traditionen das analoge, aber wichtigste Paradigma der Gotteserfahrung. Die christliche Offenbarung sagt nicht zuletzt dies: daß personale Begegnung nicht nur »Bild« ist, sondern – in gemäßer Vorsicht gesagt – die »Wirklichkeit« der Gotteserfahrung ausmacht.

Es gibt also eine »geschlossene Meditation«, die sich weigert, die letzte Ungreifbarkeit des Göttlichen anzuerkennen, die es nicht wagt, sich und die eigene Erfahrung grundsätzlich ins andere zu übersteigen (womit ihr eigentlich das Prädikat zukommt, das auch dem Zerrbild der selbstbefangenen Liebe gebührt: Es ist meditative »Selbstbefriedigung«). Die christliche Tradition kennt diesbezüglich das Laster der »gula spiritualis«, der geistlichen Genußsucht.

Wo nun die Grenze zwischen offener und geschlossener Meditation verläuft, läßt sich nicht statisch aufzeigen. Auch das Meditieren des Wortes Gottes kann sich abschließen zum Ruhen in der Eigenerfahrung; und die pantheistisch klingende Erfahrung eines Hindu-Mönches kann in ihrer letzten Tiefe eine Offenheit haben, die sich selbst preis- und dem Allerletzten, Ungreifbaren über-gibt.

Um die christliche Erfahrung darzustellen, sind schematische Abgrenzungen eher hinderlich. Es muß die Dynamik der Grundhaltung sichtbar gemacht werden, also die alles durchziehende Offenheit. In der christlichen Tradition steht hier die »Unterscheidung der Geister«, steht aber auch die Warnung, daß der Mensch in eigener Machtvollkommenheit niemals über einen anderen Menschen ein grundsätzliches Urteil fällen kann. Nicht umsonst gilt also die »Unterscheidung der Geister« als Charisma, als Gnadengabe von Gott.

Mit der Unterscheidung von »offener« und »geschlossener« Meditation könnte nun das gleiche von der anderen Seite aus gezeigt werden, von dem aus, in das hinein sich der Meditierende versenkt – doch das wird bei der Darstellung der Methoden noch zur Sprache kommen.

Nach dem Gesagten aber ist vor allem festzuhalten, daß die Meditation – rein in ihrer Methodologie betrachtet – indifferent ist gegenüber weltanschaulichen Festlegungen. Sie vertieft und erweitert weltanschauliche, religiöse Haltungen. Aber wenn sie sich – vorgeblich – von allem Religiösen freihalten will, dann werden das Meditieren und seine Erfahrung in dem Maße, wie sie Letztes schenken wollen, zur Weltanschauung erhoben. Wir ständen dort, wo Goethe uns mit den zitierten Versen hinführen will: bei der sich abrundenden Erfahrung, die sich niemals überschreitet, die als das Letzte und Gültige dasteht. Ein Meditieren, das – vorgeblich – frei sein will von Überzeugung und Religion, schließt eine verkappte Religion ein: daß nämlich diese Erfahrung in sich und aus sich das Letzte und Maßgebende überhaupt sei.

Wichtig bleibt folgendes: Nicht die Weise der Meditation, sondern die »Vorentscheidung« (die in jedem Fall vorhanden ist) besiegelt die Stellung des Meditierens im christlichen Vollzug. Meditieren an sich, als Technik und als Erfahrung, kann den Menschen in seinem Herzen nicht ändern. Wohl aber können Herz und Absicht, aus denen heraus eine Meditation angegangen wird, durch das konkrete Meditieren intensiviert, vertieft und in die Personmitte integriert werden. Und natürlich ist das, was einer meditiert, immer auch eine Erfahrung, die ihn beeinflußt; – dies um so mehr, je tiefer auch Meditation in den Menschen hineingreift.

Von den Kriterien der offenen Meditation

Die traditionelle *Lehre von der »Unterscheidung der Geister«* hat durch Karl Rahner die Formulierung erhalten: *»Logik des existentiellen Erkennens«*. Von dem her, »was« erkannt wird, bedeutet dies: Es geht nicht um allgemeine Einsichten, die überall Gültigkeit haben, sondern es geht um das »Konkrete«, das nur in einer entsprechenden Situation erkennbar, erfahrbar, entscheidbar ist. Die »Kriteriologie« eines solchen Geschehens, »wie« also das Erkennen und Entscheiden vor sich gehen muß, kann konsequenterweise auch keine allgemeingültigen Normen, sondern nur (was keine Einschränkung, sondern eine Präzisierung bedeutet) Hilfen bieten, um sich in die betreffende Situation einzuspüren, einzufühlen und dann zu entscheiden.

Schon die Absage an die Abstraktion zeigt, daß es sich in unserer Frage um einen »meditativen« Vorgang handelt, der nicht allein durch Verstandeseinsicht abgehandelt werden darf. Nur unter diesem »meditativen« Vorbehalt, der kein juristisch-eindeutiges, sondern nur ein fragend-offenlassendes Vorgehen erlaubt, dürfen einige Entscheidungs-»Kriterien« aufgezeigt werden.

Grundkriterium – im Sinne der ignatianischen Exerzitien als der klassischen Einübung und Hinführung zur »Unterscheidung« – ist *das betende Anerkennen der »Absolutheit« Gottes*. Vor dem »je größer« Gott bleibt alles andere – Ignatius nennt es »die übrigen Dinge auf der Welt«, also auch meine Erfahrungen, Einsichten, Wünsche – relativ. Als gelebte Haltung ist dies *die Grundtugend der »Demut«*, die nach der christlichen Tradition Fundament jeder anderen Tugend ist. Sie hat nichts zu tun mit der sogenannten »buckeligen Demut«, die mittels Unterwerfungsgesten egoistische Ziele erreichen und die eigene Schwäche kaschieren möchte. Sie ist auch nicht die von Friedrich Nietzsche gebrandmarkte Demut, in der ein Mensch seine Schwäche zur Stärke umdeutet: Der getretene Wurm krümmt sich, und das nennt man Demut.

Romano Guardini schreibt in seinen Tagebuchnotizen zur Demut: »Ihre erste Stufe ist die Bescheidenheit, welche sagt: Andere sind auch noch da und sind vielleicht besser als ich ... Ihre zweite Stufe ist das Stehen in der Wahrheit, über welche die eigene Person sich selbst vergißt. Die dritte Stufe ist die Liebe, die jene heilige Bewegung mitvollzieht, in welcher der große Gott sich ins Kleine hinabgeworfen hat.«

Der Fachmann wird überrascht sein, wie nahe diese »Stufen« in ihrer Dynamik – nicht so sehr im statischen Aufzählen – den *drei Demutsgraden des Ignatius von Loyola* stehen. Deren Dynamik nämlich geht auf eine Gipfelhaltung, die nicht mehr logisch-abstrakt festzulegen ist, sondern nur einsichtig wird in der konkreten Nachfolge Jesu, die zum Geringeren, zur Armut, zum »Verachtetwerden« auffordert. Guardinis Text, der anscheinend unabhängig vom Entwurf ignatianischer Exerzitien entstanden ist, kann gerade wegen der überraschenden Übereinstimmung als Zeugnis für das Phänomen wahrer christlicher Demut stehen. Eine Reflexion über die Unterscheidung, die nicht im Angesicht dieses lebendigen

Gottes geschieht, kann von vornherein nur zu vorläufigen Einsichten gelangen. Christlich weitergeführt ist dieses Stehen vor dem Angesicht Gottes immer auch ein Schauen mit Jesus, immer auch Nachfolge Jesu. – Guardini: Gott im Kleinen; Ignatius: das Kreuz.

Der Glaube aber an Gottes Offenbarung in Jesus und an sein Geistwirken in der Kirche Jesu Christi wie in jedem offenen Gewissen führt zu weiteren Kriterien einer offenen Meditation. Die *»innere Haltung vor dem Leiden«* ist zu nennen. D. T. Suzuki, der große Vermittler des Zen-Buddhismus in der abendländischen Welt, stellt in einem berühmten Aufsatz den sanft ins Nirwana entschlummernden Buddha dem am Kreuze aufschreienden Jesus entgegen. Jesu Schrei wird dabei als Zerbrochensein an dieser Welt, als letzter Protest gegen das Unrecht und das Leid gedeutet. Buddha hingegen soll in die totale Versöhnung mit der Welt eingetreten sein, weil für ihn Leid und Tod doch nur »Oberfläche« und nicht substantielle Existenz waren. Doch gerade die Haltung Jesu bezeugt eine Sensibilität für den Schmerz dieser Welt, die niemals in eine noch so sublime Selbstgenügsamkeit überschritten werden darf. Sensibilität für das fremde und auch für das eigene Leid sind Zeugen einer bleibenden Offenheit des Meditierens. In der christlichen Mystik wird dieses »Kriterium« zur Dunklen Nacht, Verlassenheit, Leid-Meditation (wie in der Herz-Jesu-Mystik). Es ist schon bezeichnend, daß P. Enomyia-Lassalle in seinem großen Zen-Buch betont, daß er die »Dunkle Nacht des Geistes«, wie sie Johannes vom Kreuz bezeugt, niemals im Zen-Buddhismus gefunden habe. Manche katholischen Schriften, die heute anderes behaupten, verkürzen das Zeugnis des großen spanischen Mystikers.

Aus der »Leidensmystik« muß – wenn es um engagiertes Menschsein geht – *Aktivität, Engagement für die Welt und ihre Nöte* entstehen. Und dies ist wiederum ein Kriterium für eine offene Meditation, vielleicht dasjenige, das in der christlichen Tradition am eindeutigsten angewandt wurde: »An ihren Früchten also werdet ihr sie erkennen«, heißt es in der Bergpredigt (Mt 7,20).

In der Erfahrung des Zwiespalts zwischen dem, wie diese Welt, die meditiert wird, nach Gottes Willen sein müßte und wie sie in Wirklichkeit ist, leuchtet ein weiteres Kriterium auf: *die Hoffnung.* Der Mensch streckt sich aus über das hinaus, was er vorfindet, aber auch über das, was er leisten und planen kann. Er wird – im christlichen Glauben – letztlich dahin geführt, daß er die wirkliche Vollendung nur als Geschenk erwarten kann. Daß ein solches hoffendes Erwarten keine müde Regungslosigkeit bedeutet, sondern aktiven Einsatz entbindet, ist durch die Geschichte der christlichen Spiritualität tausendfach bezeugt.

Diese Dialektik von »Das Letzte ist Geschenk« und »Du mußt dich für das Bessere einsetzen« hat ihren tiefen Grund in einer *»Ehrfurcht vor dem Geheimnis«*, das durch keine noch so tiefe Erkenntnis, aber auch nicht durch eine noch so überschwengliche Erfahrung jemals ergründet oder erschöpft werden kann. Es ist einer der gefährlichen Irrtümer der heute oft zu hörenden Polemik gegen den Verstandeshochmut, der alles ergründen will, daß man auf die Erfahrung pocht. Aber es gibt – leider! – ebensoviel Erfahrungshochmut wie Verstandeshochmut; und vielleicht ist der Erfahrungshochmut der gefährlichere, weil er tiefere Personschichten in Beschlag nimmt.

Alle diese sogenannten »Kriterien« für eine offene Meditation tragen – wenigstens für die christliche Sicht – als letzten Grund das *»Geheimnis des Personalen«* in sich; je tiefer ein Mensch meditiert, desto mehr nähert er sich ihm. Auch wer sich nicht zur personalen Freiheit Gottes bekennen kann, wird nur dann »offen« meditieren, wenn er zu einer Haltung kommt, wie man sie als Person vor einer anderen Person einnehmen muß: *die Anerken-*

nung einer fremden Freiheit – sicherlich in dem Sinne, wie es die Kommunistin Rosa Luxemburg beschrieb: Freiheit ist zuerst die Freiheit des anderen. Hören auf ein fremdes Wort, Bereitstehen zum Lernen, Offensein für etwas Neues, Unerwartetes usw. sind ähnliche Züge.

Am greifbarsten aber wird dieses Kriterium in der *»Entscheidung«*, das heißt einer Erfahrung, die noch nicht aus sich heraus alle Schlüssigkeit vermittelt, sondern von dem Erfahrenden verlangt, das eigene Innere, die eigene Person, das eigene »Ja« einzubringen, damit die Erfahrung voll und ganz menschlich und christlich wird. Erfahrung muß sich zur Entscheidung öffnen, zu einem personal verantworteten »Mehr«, wenn sie ganz-menschlich legitim und wahr sein soll. Christlich gesprochen: Religiöse Erfahrung muß sich zum Glauben öffnen, darf ihn auf keinen Fall in ein Wissen zu überschreiten versuchen, wie man in katholischen Zen-Schriften lesen kann; und sie kann dies auch nicht, wenn es nur tiefe, von Ehrfurcht getragene Erfahrung ist. Auch bei Johannes vom Kreuz überholt die Mystik nicht den Glauben, sondern umgekehrt ist »der nackte Glaube« Gipfel aller mystischen Erfahrung.

Stufenbau der Erfahrung

Auf einer grundsätzlichen Betrachtungsebene könnte man alle Methoden der Meditation gleichrangig nebeneinanderstellen. Doch die einzelnen greifen verschieden tief in das Erleben des Menschen ein; sie beanspruchen unterschiedliche Daseinsebenen. Daher ist es sinnvoll, Meditationsmethoden zu klassifizieren. Beabsichtigt ist damit keine Auf- oder Abwertung von einzelnen Methoden. Der im folgenden vorgeschlagene Stufenbau soll ein persönliches Urteil ermöglichen über die Bedeutung, die diese oder jene Methode für diesen oder jenen Menschen haben kann. Dabei wird auch deutlich werden, wie sehr die einzelnen Stufen sich ergänzen und durchdringen.

DAS FUNDAMENT DER LEIBLICHKEIT

Ein Kapitel wie dieses hätte man in alten Zeiten nicht schreiben müssen; damals war es – soweit wir darüber urteilen können – selbstverständlich, daß der Leib mit im religiösen Vollzug steht. Francois Garnier hat 1982 in französischer Sprache einen umfangreichen Band über »Die Bild-Sprache im Mittelalter. Bedeutung und Symbolik« veröffentlicht. Darin zeigt er an vielen Bilddokumenten, daß Gesten, Körperhaltungen, Bewegungen usw. im Mittelalter voll von Bedeutung waren; man wußte spontan, daß eine bestimmte Handbewegung einer inneren Haltung entspricht, daß die Stellung der Füße oder die Neigung des Kopfes nicht gleichgültig ist für die innere Erfahrung, die sich damit verbindet. Aus den Anekdoten der Wüstenmönche der ersten Jahrhunderte stammt z. B. die Bezeichnung: »Großer oder Kleiner Arsenius« für zwei Sitzhaltungen: ein Sitzen, bei dem man die Beine über den Knien, und das andere, bei dem

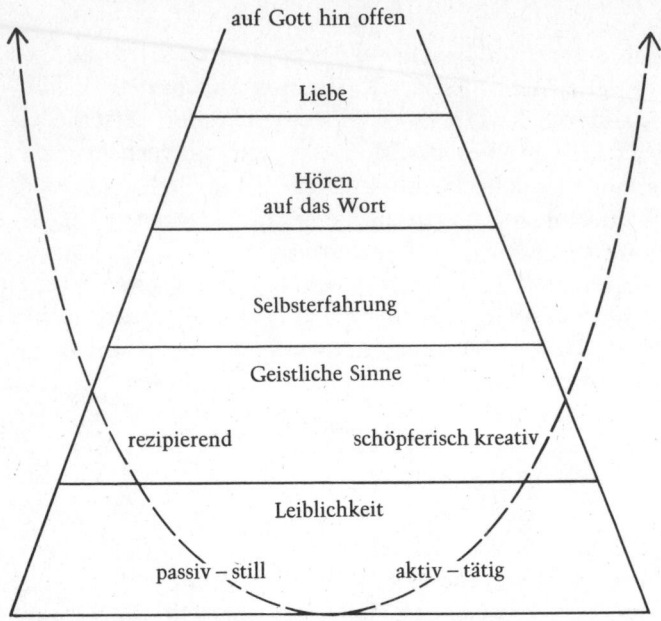

auf Gott hin offen

Liebe

Hören
auf das Wort

Selbsterfahrung

Geistliche Sinne

rezipierend   schöpferisch kreativ

Leiblichkeit

passiv – still   aktiv – tätig

Der Stufenbau besagt keine moralische Wertung, wohl aber eine pragmatische Schichtung der menschlichen Erfahrungsfülle.

man sie mit den Unterschenkel oder Füßen übereinanderschlägt. Altvater Arsenius soll einen großen oder kleinen Dämon auf dem Schoß dieser übereinandergeschlagenen Beine erblickt haben. Hinter der drastischen Anekdote verbirgt sich eine Körpererfahrung: daß nämlich die lässige Haltung der übergeschlagenen Beine distanzierte Lockerheit ausdrückt, während sich Sammlung mit einer Sitzhaltung verbindet, in der die Beine nebeneinanderstehen und die Hände ruhig auf den Oberschenkeln ruhen.

Der Württemberger Pietist Friedrich Christoph Oetinger hat mit seinem berühmten Wort von der »Leiblichkeit, dem Ende der Werke Gottes«, Ähnliches gemeint. Er wurde deshalb als un- oder halbchristlicher Theosoph verschrieen. Doch auch bei ihm war es eher die Sehnsucht nach der Einheit des Menschen und der Schöpfung, die sein Predigen in der zweiten Hälfte des 18. Jahrhunderts beseelte. »Alles Geistliche ist und wird um Christi Menschheit willen leiblich.« »Leibhaft sein und werden ist eine Vollkommenheit.«

In der evangelischen Christenheit – bis zu Rudolf Bultmanns Entmythologisierung – haben Leiblosigkeit, Bildlosigkeit, Gestaltlosigkeit des christlichen Vollzug zu einem Glaubensdefizit geführt. Auch der Katholizismus ist dieser Gefahr zum Opfer gefallen. »Unterscheidung« ist zwar nötig; aber heute gehört die Wiedergewinnung des Leibes zu den vordringlichen Aufgaben. In der Meditation wird dies zum Ganzheitsansatz. Die inkarnationsfeindliche Absage an den Leib, die der Neuplatonismus und dann noch mehr die Aufklärung ins Christentum hineingetragen haben, bietet nicht-christlichen Meditationsbewegungen eine ständige Einbruchstelle.

Man kann die verschiedenen Körperhaltungen durchgehen: eine kommunikative, die sich dem anderen entgegen-neigt; eine in sich versunkene, in der der Leib in sich selbst ruht; eine bewußt-unbeteiligte, in der man sich sitzend nach hinten in den Sessel fallen läßt usw. Eine jede beinhaltet »Erfahrung«. An Kindern kann man beobachten, wie eng äußere und innere Haltung verbunden sind. Was also sollte selbstverständlicher sein, als zum Meditieren die entsprechende Körperhaltung einzunehmen: knien in demutsvoller Andacht; stehen in würdevoller Aufrichtigkeit; sitzen in Sammlung und Hörbereitschaft. Es ist eine Mangelerscheinung unserer Zeit, daß die Menschen die Unmittelbarkeit des seelischen Ausdrucks im Körper und umgekehrt das Einflußnehmen mit dem Körper auf die innere Haltung verlernt haben. Hier muß die »Meditation« beginnen: körperliche Haltungen einnehmen, Gesten und Bewegungen ausführen. Zur Übung kann man eine unbedacht gewordene Haltung sich bewußt machen und sie im Vollzug »erfahren«: einmal hinstellen und fühlen, welche Würde in der »aufrechten Haltung«, im »aufrechten Gang« (E. Bloch) des Menschen liegt; einmal hinlegen und spüren, daß der bewußte Bodenkontakt dem eigenen Leib ein Einsgefühl mit dem Erdhaften, Fundamentalen schenkt; einmal ein Kreuz in die Hand nehmen und daran die Grausamkeit dieses Sterbens ertasten.

Das Aufzählen kann an kein Ende kommen. Doch wichtig ist, daß eine dieser Körperübungen bewußt vollzogen und nicht nur als etwas Selbstverständliches »getan« wird. Dann kann schon die vorsichtige Handbewegung – abwehrend oder empfangend – zur Meditation werden.

Darauf baut sich der nächste Schritt wie von selbst auf: der eigene Leib in Bewegung. Man scheut sich vielleicht in der Öffentlichkeit, meditierend einen Tanzschritt zu vollziehen. Doch man muß es versucht haben, um das Sinn-erfüllt-Sein von Leibbewegungen zu erfühlen. Man muß einmal das Vater-unser-Gebet übersetzt haben in eine Art Pantomime oder einen Reigen – dann wird es unvergeßlich bleiben, daß ich Gott mit meinem Leib verherrlichen darf, wie es im 1. Korintherbrief (6, 20) heißt, daß auch mein Leib meditiert.

Die medizinische Physiologie weiß längst, daß man über die Leiblichkeit, über Gymnastik oder Tanz Heilung nach innen trägt. Eutonie, autogenes Training helfen dem Leib zur Selbstgesundung. Und auch die anthroposophische Eurythmie – wenn man von dem Pathos ihrer sektenhaften Realisation absieht – bringt eine Wesensdynamik des Menschen zum Ausdruck: über den Körper die innere Erfahrung zu beeinflussen, zu vertiefen.

Eines ist zu beachten: Das Bonmot der Dürckheimschule: »Ich *habe* nicht meinen Leib, ich *bin* mein Leib«, bringt zwar Wesentliches zum Ausdruck – doch es artikuliert nur die eine Seite unserer Existenz. Ebenso muß, nein, darf der Mensch sich sagen: Ich bin dankbar, daß ich als menschliche Person, als Geschöpf Gottes nicht identisch mit meinem Leib bin, der vergehen wird, der entstellt sein, der meine innere seelische Gesundheit auch verderben kann. Die antike Unterscheidung von »Leib und Seele« bringt – ebenso wie die Einsicht in die ganzheitliche Identität des Menschen – eine Wahrheit zum Ausdruck: daß nämlich der Mensch mehr ist als seine leibliche Existenz.

Doch das ändert nichts an der ersten Einsicht des Meditierens: Beginne mit deinem Leib, mit deinen Händen und Füßen, mit deiner Haltung und deinem Gesichtsausdruck, mache sie dir bewußt, erspüre den inneren Sinn deiner äußeren Leiblichkeit – so hast du einen ersten Zugang zum Meditieren gewonnen.

Die Verinnerlichung der Sinneserfahrung

In der Mystologie, d. h. der Erforschung der Mystik, gibt es eine alte Streitfrage: Sind dem Menschen innere, geistige »Erfahrungen« möglich, die unabhängig von seinem Leib entstehen? Es scheint, daß im christlichen Raum die Forscher von heute so gut wie alle dazu neigen, dies zu verneinen. Gewiß, die Mystiker selbst sprechen aus ihrem ekstatischen Erleben oftmals so, als ob sich die Innerlichkeit losgelöst habe von den Banden des Leibes, als ob Gott eine Seelenmitte berühre, in der man unabhängig von der leiblichen Existenz »erfahre«. Doch wenn man die Zeugnisse der gleichen Mystiker aufmerksam liest, ist man erstaunt, wie gefüllt mit sinnenhaften Bildern, Empfindungen, Vergleichen ihr Sprechen und ihr Erleben ist. Aber wie dem auch sei: Der Weg über die eigene

Sinnenhaftigkeit ist der Weg des Menschen zur inneren Erfahrung.

So ist in der christlichen (hier auch theoretisch) wie in der nicht-christlichen Spiritualität eine Praxis der »geistlichen Sinne« entstanden. Natürlich ist die Vorstellung, daß der Mensch zwei Ebenen von Sinneskräften besitze – eine des Leibes und eine andere der Seele –, naiv und nur eine Hilfskonstruktion. Anthropologisch erspürt aber ist mit dem, was schon Origenes lehrte, was bei Bonaventura das ganze spirituelle Schrifttum durchzieht und von Ignatius von Loyola methodisch angeboten wird, eine Art von »Verinnerlichung«, soziologisch gesprochen: »Internalisierung« der äußeren Sinneswelt. Es geschieht dasjenige, was einer bei der Betrachtung von Schönheit oder beim Hören von Musik erlebt: Der äußere Sinneseindruck erzeugt eine innere Erfahrung. Wie tief das in die Personmitte des Menschen eindringt, erlebt man bei Rockkonzerten bekannter Musikgruppen: »ekstatische« Musik führt zur personalen »Ekstase«.

Wie wichtig und die Mitte der christlichen Existenz treffend die Entsprechung des Inneren und des Äußeren ist, zeigt die Übereinstimmung der Wortwurzeln von Sinn als leibliche Erfahrung und Sinn als geistige Mitte, die man in vielen indogermanischen Sprachen findet. Vom Ästhetischen her läßt es sich auch erfahrungsgemäß einsichtig machen: Schönheit hat stets etwas mit Leiblichkeit, mit Sinnenhaftigkeit zu tun. Es ist mit ein Grund dafür, daß manche moderne Kunst zum Scheitern verurteilt ist, weil sie in titanischer Weise den »Sinn« vom »Sinnenhaften«, die »Aussage« von der »Gestalt« lösen will und in reine Abstraktion flüchtet. Die sinnliche Welt ist der Mutterboden alles Geistigen und wird nicht ohne Schaden mißachtet.

Es ist eine Grundversuchung der Spiritualität, daß sie sich vom Wortklang »Spiritualität«-Spiritus-Geist-Geistig-Leiblos verleiten läßt und die leibhaften Vorstellungen und Vollzüge abstreifen will. Man muß sich im Gegenteil fragen, ob nicht die epochale Schwäche der Gotteserfahrung, der Mystik auch darin begründet ist, daß wir Menschen von heute nur schwache leibliche Sinneserfahrungen haben.

Sicher gibt es einen Zusammenhang zwischen der Sensibilität für die Schönheit und damit auch für die Zerbrochenheit unserer Welt und der Sensibilität für Gott, die in der Mystik ihre schönste Blüte hat. Die christlichen Mystiker sind leuchtende Zeugen dafür, daß die Sensibilität des Leibes und die Sensibilität der Seele einander entsprechen.

Für die »Meditation« bedeutet dies: Benutze – vielleicht sogar methodisch – einen Weg von außen nach innen, von den Sinnen des Leibes zu den Sinnen des Geistes; wenn du deine »sinnliche« Sensibilität verlebendigst und in ihr »erfährst«, wird auch deine Sensibilität für den »Sinn« der Wirklichkeit, für Gott lebendiger und erfahrbarer. Dazu nun läßt sich – wie die christliche Tradition lehrt – eine regelrechte Methodologie der einzelnen äußeren/inneren Sinne erstellen.

Hören und der Wohlklang

Beim Nachdenken über die Seligkeit vor Gott kam der christlichen Tradition stets eine Art von »Hören« in den Sinn: Sphärenmusik, Singen und Harfenspielen der Engel usw. Damit war noch nicht das Hören von sinntragenden Worten gemeint, sondern einfachhin das Hören von Wohlklang. Im antiken Weltbild war die Sphärenmusik der Klang und die Harmonie, die aus der Ordnung und Bewegung der Himmelskörper entspringen. Engel, Sternengeister sollten die Sonnen, Monde und Sterne in diesem wohlgeordneten Rhythmus bewegen. Lebendige, sich bewegende Ordnung wurde also als »Seligkeit« erlebt.

Die darin liegende Erfahrungsqualität kann ein jeder nachvollziehen, der sich einer Wohl-Ordnung hingibt. Wer Musik hören und erfahren will, muß in irgendeinem Maße seine distanzierende Reflexion auf- und sich dem Wohlklang der Ordnung über-geben. »Auf den Wellen der Musik«, heißt ein bekannter Wiener Walzer; also sich loslassen wie jemand, der auf den Wellen sich treiben läßt.

Musikmeditation ist in der spirituellen Tradition stets ein bevorzugter Weg zur inneren Erfahrung gewesen. Der gregorianische Choral hat christliche Spiritualität – und sicher auch Theologie – geprägt. Die Gesänge der Ostkirche bringen eine andere christliche Erfahrung in den Raum der Frömmigkeit ein.

Musikmeditation ist in allen Spiritualitäten ein bevorzugter Weg innerer Erfahrung. An einer heute von Alain Daniélou und besonders im »Nada-Brahma«-Buch von Joachim Ernst Berendt (»Die Welt ist Klang«) proklamierten Musik können Chancen und Gefahren der Musik-Meditation aufgezeigt werden. Der Jazz-Spezialist Berendt entwirft die sogenannte »Oberton-Musik«, d. h. man soll nicht mehr primär bestimmte Töne hören (bzw. singen) und mit ihnen Melodien und Harmonien zusammensetzen, sondern den Gesamtklang einer Obertonreihe, wie sie sich besonders im Gongton oder beim Glockenklang äußert. Dieser Gesamtklang, in dem der einzelne Ton seinen Eigenstand verliert, wird dann musikalisch variiert (vgl. die Musik von Hamel). Den weltanschaulichen Hintergrund dieser Musikerfahrung benennt Berendt mit Worten von Vilayat Inayat Kahn, dem heutigen Oberhaupt der Sufis: »Jedes Geschöpf ist eine Kristallisation eines Teils dieser Symphonie der Vibrationen. So gleichen wir einem Klang, erstarrt in solider Materie, der fortfährt, unaufhörlich zu klingen ... Du mußt reine Vibration werden, um fortzuschreiten zu der nächsthöheren Ebene – und immer weiter zu höheren.«

Mit anderen Worten: Du mußt dein Distinkt-Sein, dein Eigen-Sein, dein Person-Sein aufgeben und dich dem Gesamtklang überlassen, wo nichts einzelnes mehr Gültigkeit hat.

Was das konkret bedeutet, kann man bei dem Indologen und Musiktheoretiker A. Daniélou nachlesen: Es ist eine Rückkehr in den Mutterschoß des Dionysischen, wo Lust, Macht, Sexualität und all das Entsprechende zur beherrschenden Religiosität werden, wo die Würde des Individuums aufgelöst wird im Rausch der Alleinheit. Berendt nennt dies – wohl in Anlehnung an Shree Rainesh Bhagwan, als dessen Anhänger er sich bekennt – »Spiritualität«, da ihm das Wort »Religion« zu starr und festgelegt klingt.

Beides gehört ins Christentum: der distinkte Klang eines Tones oder einer Melodie wie auch die Einheitserfahrung der Oberton-Musik, also sowohl die Klarheit des Distinkt- und Verantwortungsvoll-Seins wie die Erfahrung der Einheit mit der Schöpfung und auch mit Gott. Aber der Mensch kann das Ganze in seiner Lebenszeit nicht realisieren. Und so lebt er als Christ in der Hoffnung, daß Gott einmal die Synthese schenken wird. Meditation nun – und gerade eine Musik-Meditation – kann ein »Angeld« (nach Paulus) der Harmonie schenken, die in Vollendung durch kein menschliches Können, sondern nur von Gott her erstellt werden wird. Einseitigkeit – also stehenbleiben bei einem einzelnen Ton, ohne die Ganzheit zu erfahren, oder den Klang auf sich wirken zu lassen, ohne auf die Distinktheit hinzuhören – würde das Angeld verschleudern, das Gott uns für seine Herrlichkeit in der Musik geschenkt hat.

Nicht nur Berendts Oberton-Musik ist der Gefahr der Einseitigkeit zum Opfer gefallen. Sicher ist auch vieles, was heute in Rock- und Pop-Musik an Ekstase ausgelöst wird, eine Wirkung des Musikhörens, wobei über dem Gesamtklang von Rhythmus und Tonalität die Individualität der einzelnen Töne vernachlässigt wird. Man sollte lernen, auch Rock-Musik qualitätsmäßig zu beurteilen, zu »unterscheiden«.

Berendts Oberton-Spiritualität ist in recht sublimer Weise ein Beispiel für eine reiche und anziehende, aber im Grunde dennoch »geschlossene« Meditation. Man kann an ihr erkennen, wie bezaubernd, wie wichtig die Erfahrung ist, die Musik dem Menschen schenkt, aber auch wie gefährlich sie werden kann, wenn man sich ihr ohne »personale« Unter-Scheidung ausliefert.

Zu einer guten Musikmeditation sollte eine breite Palette von musikalischen Möglichkeiten bereitstehen: die Klarheit und Distinktheit der Tonführung, wie sie im Gregorianischen Choral, in den Brandenburgischen Konzerten J. S. Bachs und auch in der mathematisch-bedachten modernen Zwölfton-Musik weiter gepflegt wird. In Polarität dazu dann die Oberton-Musik, die zum Beispiel bei einem tibetanischen Gong empfunden wird. Beide Möglichkeiten und viele dazwischen haben ihre Berechtigung, sollten aber im verantworteten Wissen um ihre Wirkung angewandt werden.

Sammlung-Klarheit-Bewußtheit-Gerichtetheit, die in klassischer Weise im Choral vermittelt wird, oder Entspannung-Auflösung-Zerfließen, die die Hingabe an eine Gong-Klang bewirkt: Beide »meditativen Effekte« (um es technisch auszudrücken) haben ihre Bedeutung. Man wird einem verkrampften Menschen durch die sogenannte Oberton-Musik vielleicht helfen können, sich zu entkrampfen, zu lockern, zu befreien. Aber man kann jemand anderem, der zum »Zerfließen«, zur Persönlichkeitsauflösung neigt, der noch nicht im Selbst gesammelt ist, mit der gleichen Musik Schaden zufügen. Schlimm wird es, wenn man daraus, wie es bei Berendt zu sein scheint, eine Weltanschauung macht.

Einmal aufmerksam geworden auf die verschiedenen Erfahrungsqualitäten von musikalischen Eindrücken, ist es nicht mehr schwer, Unterscheidungskriterien für eine Musikmeditation zu erstellen. Am heutigen musiktherapeutischen Bemühen kann man vieles ablesen.

Von hier aus ist ein weiterer wichtiger Schritt zu machen in die aktive Musik, den wiederum gerade die Musiktherapie nahelegt. Auf die Frage, wann der Geigenvirtuose, wann der Organist am intensivsten meditiert, ist die Antwort eindeutig: wenn er auf der Orgelbank sitzt und spielt; wenn er – nachdem er sich vielleicht durch eine Yoga-Meditation vorbereitet hat – nun nach der Geige greift und spielt.

Statt diesen Meditationsweg weiter auszuführen, sei nur noch auf das Singen hingewiesen: Die therapeutische Funktion des freien Singens kennt jeder Psychologe; in der Urschreitherapie von Artur Janov ist sie für den Extremfall seelischer Krankheit übersteigert worden. Singend meditieren ist ein Höhepunkt des »geistlichen Sinnes«. Hier muß der Mensch in den Ton hinein ein Stück von sich selbst geben und darin sich realisieren. Und wenn dieses »Singen« in Gemeinschaft geschieht, ersteht die Erfahrung einer übergreifenden Harmonie, in der der einzelne sich geborgen weiß. Die Taizégesänge von Jacques Berthier können dies jedermann zeigen. Und in ähnlicher Weise ist das »Zungenreden« in charismatischen Gebetsgottesdiensten hier einzuordnen und von hierher zu verstehen.

Schauen und die Gestalt

Viel stärker benutzt wird – nicht nur in christlichen Kreisen – das Schauen als meditative Fähigkeit. Es ist auch in der mythologischen Tradition neben dem Hören das andere Bild, um auf Erden schon eine Vorstellung von himmlischer Seligkeit, »Anschauung Gottes«, »visio dei« zu haben.

Die Erfahrungsqualität des »Schauens« ist der des (Musik-)»Hörens« polar entgegengesetzt: Man unterscheidet, man sieht, man stellt neben- und gegeneinander, man beobachtet, man vergleicht. Gewiß gibt es eine Art von »hörendem« Hinschauen, in dem einer die Distanz auf- und – ähnlich wie in der Oberton-Musik – sich hin-gibt; und umgekehrt ist z. B. die Choral-Musik etwas wie unterscheidendes Hinschauen.

Doch die Grundqualität des »Schauens« besteht im unterscheidenden Hinblicken. Hieran können wiederum Strukturen für den meditativen Vollzug abgelesen werden; sie überschneiden sich gewiß in vielfacher Weise, stehen aber dennoch in einer methodischen Ordnung zueinander.

Am greifbarsten ist es bei einem künstlerisch durchgearbeiteten Gegenstand. In ein solches Bild oder eine Statue hat ein Mensch seine persönliche, mehr oder weniger tiefe Existenzerfahrung eingebracht. Dem Meditierenden muß es darauf angekommen, sich über die künstlerischen Qualitäten vorsichtig einzufühlen in die existentielle Aussage der Gestalt. Von hierher schon läßt sich Wert oder Unwert der Unzahl von Bildmeditationen, die heutzutage angeboten werden, abschätzen. Gehen sie wirklich den Weg des Künstlers nach, oder benutzen sie ein Kunstwerk nur zur Darstellung eigener Ideen? Mit anderen Worten: Meditieren sie wirklich das Kunstwerk oder nur ihre eigene Innerlichkeit anhand des künstlerischen »Gegenstands«?

Das »Meditieren« kann z. B. zuerst Farbqualitäten zu »erfahren« suchen; welch differenzierte, in Erfahrung gründende Bedeutung sie z. B. im indischen Tantrismus haben, wird uns allmählich bewußt; für Hildegard von Bingen war grün die Farbe der Lebenskraft, die Natur, männliche Vitalität ebenso wie göttliche Energie umspannte. Damit sind keine beliebigen Deutungen aufgezählt, sondern in der Wahrheit der Dinge gründende Erfahrungen; wer sie in der Meditation nachvollzieht, gewinnt inneren Erfahrungsreichtum. Harmonie, Aufbau, Struktur sind »Aussage«-Elemente des Künstlers, die seine Botschaft vermitteln wollen. Der Inhalt der Darstellung (Personen, Mythologien, Natur, Abstraktionen usw.) führt weiter an diese Botschaft heran. Und dann erst sollte man sich langsam zur Mitte dessen hin bewegen, was der Künstler vom Innersten her vermitteln wollte. Ein solcher vorsichtig sich herantastender Weg zum Kunstwerk realisiert, daß die ganze Bildhaftigkeit des Kunstwerks zur Aussage des Künstlers gehört; die bildlichen Mittel stammen nicht aus der Beliebigkeit des Künstlers, sondern sind – natürlich mehr oder weniger – vorgegebene Wahrheiten der Natur. In der mystischen und meditativen Tradition las man die ganze Schöpfung als ein »Bild«, ein »Kunstwerk« Gottes. Wie der Mensch nur in Einheit von Leib und Seele Gott erfahren kann, wurde die Bilderwelt der Schöpfung auch aufgefaßt als eine Art »Leiblichkeit« Gottes, an der man seine »Seele« erkennt. Im Christentum war das natürlich immer mit dem Wissen und der Dynamik des »Überschritts« verbunden. Gott läßt sich erblicken in der Schöpfungswirklichkeit und ist zugleich »mehr«, »anders« als alles Sichtbare. Die von Ramsay aufgestellte linguistische Formel für das Sprechen von Gott: »beobachtbar und mehr als beobachtbar« gilt für den Bereich der Gotteserfahrung besonders.

Der unbekannte Autor des sechsten Jahrhunderts, der sich Dionysius der Areopagite nannte, schreibt wegen dieses »mehr als beobachtbar«, daß die »unähnlichsten« Bilder am geeignetsten sind, um etwas über Gott zu sagen, zu erfahren; denn sie heben das »mehr als beobachtbar« hervor. Doch in der Tradition war es die Gestalt des Menschen und seiner Liebe, die wie von selbst sich anbot, um über Gott und seine Beziehung zum Menschen nachzudenken, und eben auch: um in die Erfahrung Gottes einzutreten. Deshalb wurde das alttestamentliche

»Lied der Lieder«, das im Ursprung eine Sammlung von Liebesliedern zwischen Braut und Bräutigam darstellt, schon in vorchristlicher Zeit ein Paradigma für das Verhältnis von Mensch und Gott. Die Hoheliedkommentare der Patristik und des Mittelalters aber sind die Lehrbücher der Mystik, der Gotteserfahrung.

Im Bereich des Anschaubaren lassen sich nun mannigfache Qualifikationen für die Meditation herausarbeiten. Sicher ist die flächige Malerei ein leicht handhabbares Medium für die Praxis der Meditation. Dreidimensionale Kunstwerke sollte man auch räumlich erfahren, sie umgehen, betasten. Räume, Architekturen sollte man »schauend« er-gehen – so wie man eine Landschaft sich er-wandert.

Es gibt Kunstwerke – meist mit vielfältigem Inhalt –, die einer spielerischen Meditation dienen. Kunstwerke mit wenig »Figurativem« – nicht vieles, wohl aber viel – sammeln stärker, brauchen aber mehr Qualität, um eindrucksvoll zu bleiben. Es gibt Kunstwerke, die sich an der »Intellektualität« orientieren – wie sicherlich vieles aus der abstrakten Malerei –, andere zielen direkt auf das Engagement und sollten auch nicht still betrachtet werden.

Die Natur hingegen (auch die auf Fotos) ist nicht geprägt von der künstlerischen Auffassung eines Menschen. Verständlich daher, daß sie etwas von dem ruhigen Auf- und-Ab der Jahreszeiten, ihrem Werden-und-Vergehen vermittelt. Das »Personale«, das bei einer gut verlaufenden Kunstmeditation notwendigerweise mitvollzogen wird, kann bei einer Naturmeditation fehlen. Diese hinwiederum – z. B. der absichtslose Spaziergang durch die Natur, zweifelsohne ein Höhepunkt des naturalen Meditierens (Ph. Dessauer) – verbindet den Menschen mit Urgegebenheiten seines Daseins: daß er ein Stück dieser Natur ist, daß sein Leib in eben diesem Auf-und-Ab, Werden-und-Vergehen, Ein-und-Ausatmen des natürlichen Rhythmus sich wiederfindet und von daher gesunden kann.

Auch dieses »Schauen« hat als aktiven Gegenpart ein Gestalten, ein kreatives Tun. Dabei ist – ähnlich wie bei der Leiblichkeit – zu sagen, daß im kreativen Tun der Meditierende sein eigenes Selbst normalerweise intensiver realisiert als im bloß hinnehmenden Anschauen. Malen, Töpfern, sicher auch Schreiben oder Dichten, sogar das Einräumen eines Raums oder das Entwerfen eines Blumengestecks, Sticken, Weben usw. – man muß nur erst einmal diese Welt des »kreativen« Meditierens entdecken, um erstaunt deren Fülle zu beobachten.

Daß es sich hier um Meditieren im Vollsinn des Verständnisses handelt, kann man an dem Kind, das hingegeben die Bauklötzchen aufeinandertürmt, ablesen. Wenn das Wort »Meditation« im heutigen Sprachgebrauch Sinn hat, dann meditiert dieses spielende Kind im Vollsinn der Wortbedeutung. Entsprechende Möglichkeiten werden in der christlichen Meditationspraxis noch viel zu wenig genutzt.

Zwei Richtungen, in denen sich diese aktive »Meditationsweise« bewegen kann, seien erwähnt: Das kreative Gestalten kann spontan aus dem tieferen eigenen Sinnraum erfließen. Man malt z. B. nicht irgend etwas, sondern läßt möglichst unbewußt das eigene Innenleben auf das Blatt Papier (am besten mit Finger- oder mit Wachsfarben) sich ausfließen, ausdrücken, vielleicht nachdem man durch eine Leere-Meditation sich freigemacht hat von Ideen und Entschlüssen und dann einfach aus der Tiefe sich »malt«. Eine Fachkraft kann über solche »Meditationen« dem Meditierenden in seiner Selbstfindung weiterhelfen. Aber auch ohne das wird man erfahren, wie heilsam-heilend dieses Meditieren werden kann.

Die andere Möglichkeit geht von etwas Darzustellendem aus: Man malt ein Kreuz, einen Kreis, eine Szene, ein Symbol und läßt sich immer mehr auf das innere Geschehen ein, das bei diesem Malvorgang (oder Töpfern oder Schreiben oder auch Komponieren) aufbricht. Wenn dieses Tun zur Meditation, d. h. zur Erfahrung und nicht nur zum gesteuerten »Malen« wird, beginnen beide Richtungen – von Innen zur gestalteten Darstellung, und von einem Entwurf her zur inneren Beteiligung – sich zu durchdringen.

Die »Übersetzung« des hier Geschilderten auch auf andere Möglichkeiten (Musikhören, das Erwandern eines Raums usw.) legt sich nahe. Gerade weil das »Schauen« eine anthropologische Grundfähigkeit ist, bildet das Nachsinnen über »schauendes Meditieren« ein Grundmuster für jedes Meditieren mit den Fähigkeiten der Sinne.

Schmecken und die Weisheit

Das lateinische Wort für Weisheit, »sapientia«, hat als verbale Wurzel »sapere«, d. h. schmecken. Der Zusammenhang des sinnenhaften »Schmecken« mit dem geistig-geistlichen »Weise-Sein« ist auch dem deutschen Sprachgebrauch nicht ganz fremd. Wir sprechen vom »Kunstgeschmack«, wir gebrauchen für innere Erfahrungswerte Worte der sinnenhaften Geschmackserfahrung: »süß«, »herb«, »ekelhaft« usw. Wohl bei keiner Sinnesqualität wird die Verknüpfung von äußerer Sinneserfahrung mit innerem Gespür so offensichtlich wie beim »Schmecken«.

So ist auch in der Tradition der frühchristlichen Mönche das »Schmecken«, das »Erfahren« mit den Geschmacksnerven des Mundes, zu einem wichtigen Paradigma des Meditierens geworden. »Ruminare«, »Wiederkäuen«, wurde zum »Fach«-Wort für eine bestimmte Weise des Meditierens: für das ständige Wiederholen und »Verkosten« eines Wortes – wir können auch erweitern: eines Satzes, einer Vorstellung, einer Erfahrung, eines Betroffenseins. Das ständige Wiederholen – selbst wenn es eher äußerlich ist – läßt eine Erfahrung im eigenen Erlebnisraum Wurzeln schlagen.

Man wird dies besser verstehen, wenn man bedenkt, daß die Fähigkeit des »Erinnerns« im Wiederholen eingeübt wird, daß das »Erinnern« einen gemütstiefen Schatz im Menschen entdeckt. Menschen mit einer breiten, verarbeiteten und integrierten »Erinnerung« sind »weise« Menschen – so wie die Gleichnisrede Jesu bei Matthäus endet: »Jeder Schriftgelehrte also, der ein Jünger im Himmelreich geworden ist, gleicht einem Hausherrn, der aus seinem reichen Vorrat Neues und Altes hervorholt« (Mt 13,52).

So hat man in früheren Zeiten alte Frauen und Männer geachtet, weil sie durch die Lebenserfahrung, durch die »Wiederholung« weise geworden sind.

Was echte, Weisheit schenkende Erinnerung bedeutet kann man sich an einer »gefrorenen« verdeutlichen, an einem Erinnerungsfoto. Sicherlich gibt eine gute Fotografie Anlaß zur Erinnerung. Aber die Masse unserer Fotos zerstört das wahre Erinnern. Man muß nicht mehr ins eigene Innere einkehren, dort verweilen und den Schatz der Erinnerung heben. Alles das ist eingeklebt ins Album oder projiziert auf die Diawand. Wie reich kann dagegen eine »Erinnerung« sein, die man sich im Dreiergespräch erzählt, wenn man auf diesen oder jenen zu sprechen kommt und »verkostend« bei einer Situation stehenbleibt. Ist die Delegation unserer Erinnerungskraft an mechanische Mittel nicht mit dem Verlust einer Wesensfähigkeit des Menschen bezahlt worden? Hängt nicht auch das »Vergessen« Gottes damit zusammen, daß wir uns nicht mehr recht erinnern?

Feste sollen »Erinnerung« an Vergangenes sein, was damals wichtig war und was wichtig bleibt. Und aus der Erinnerung an eine gemeinsame Tradition oder an ein persönliches Erlebnis erwächst die Weisheit. Weisheit ist

»verkostende« Erinnerung, die in der Brunnentiefe des eigenen Selbst das entdeckt, was den Grund des Menschen ausmacht. Erinnerung setzt sich auf den Weg zum Anfang, zum Ursprung des Menschen.

»Erinnern« sollte zur Grundübung des Meditierens gehören. Es kann mit einem äußerlichen Tun anfangen, wie es im ersten Psalm von dem »Weisen« heißt, daß er »Freude hat an der Weisung des Herrn, über seine Weisung nachsinnt bei Tag und bei Nacht«. Konkret ist damit das murmelnde Wiederholen von Sätzen oder Worten der Heiligen Schrift gemeint. A. de Vogüé OSB weist darauf hin, daß hierin auch das frühmönchische Gebet wurzelt: Man nahm aus dem liturgischen Lesen, Singen, Hören der Psalmen einen Vers, ein Wort, ein Bild mit in den Tag und wiederholte es – laut oder nur innerlich sprechend, singend oder sinnierend – im Ablauf des Tages immer wieder. Das ostkirchliche Jesusgebet hat daraus eine Methode gestaltet, die aber im Gegensatz zu manchen, auch christlichen Repristinierungen offen, weit, lebendig, nicht aber methodologisch eng war.

Im Vollzug des Meditierens verweist uns also das »Schmecken« auf die Wiederholung, auf das »Wiederkäuen«. Man kann dabei zwei Grundtypen aufzeigen. Einerseits die tatsächlich ausgeführte Wiederholung von Sätzen, Worten, Melodien usw. Die Taizégesänge von Jacques Berthier bieten dazu lebendige Anschauung. Dadurch, daß eine Gemeinschaft den ständigen Wiederholungsgesang meditiert, erweitert sich das »Weise«-werden, d. h. das »Vertiefen« einer Erfahrung zum Gemeinschaftserleben; man muß sich der Erlebnisqualität des gemeinsamen Gesangs öffnen, sich in sie hinein-»erleben« und damit meditativ realisieren, daß man bis in die letzte Ader seines Lebens ein soziales Wesen ist. Auch im sogenannten »Ohrwurm«, also einer Melodie, die im Ohr nachklingt, kann man etwas vom »meditativen Effekt« einer Wiederholungsmeditation verspüren.

Die andere Weise ist z. B. das abendliche Nachsinnen über den Tag; nicht in Form einer »richtenden« Gewissenserforschung, sondern einfach im Vorüberziehenlassen der Ereignisse, der Begegnungen, der Bilder, der inneren und äußeren Erlebnisse des Tages. Eine solche Übung der abendlichen »Erinnerung« bringt Ruhe, Sichgewiß-Werden, Abgeklärtheit, also wiederum Züge, die mit Weisheit zu tun haben.

Überhaupt ist dieser Weise der Meditation kaum eine Grenze gesetzt. Denn das gesamte menschliche Leben beruht auf Wiederholungen – nur müßten wir uns bemühen, in einer »mechanischen« Wiederkehr die qualitativ neue, weisheitstragende Erinnerung zu entdecken.

Riechen und das Heilige

In einer früheren aszetischen Sprache war das Wort vom »Geruch der Heiligkeit« geläufig: »odor sanctitatis«, gestorben im Geruch der Heiligkeit. Und es wird berichtet, daß aus den Gräbern von heiligen Menschen (so von dem zeitgenössischen libanesischen Mönch Charbel Makluff) ein wohlriechendes Öl fließt. Der Märtyrerbischof Ignatius von Antiochien schrieb um 100 »An die Kirche zu Magnesia am Mäander«: »Schafft also den schlechten Sauerteig hinaus, den veralteten und bitter gewordenen, und verwandelt euch in einen neuen Sauerteig, der Jesus Christus ist. Laßt euch in ihm salzen, damit keiner unter euch faule, denn *nach der Art, wie ihr riecht,* werdet ihr gerichtet werden.«

Diese Bildersprache, die in vielfältiger Form in allen Religionen zu finden ist (Räucherstäbchen, Weihrauch usw.), spricht für sich. Der »geistliche Sinn« des Riechens berührt etwas »Atmosphärisches«. Es gibt z. B. Räume, die eine Erlebnisqualität ausstrahlen. Während im Jugendalter eher Bilder oder Statuen Eindrücke von Kunst vermitteln, werden mit zunehmendem Alter Räume,

Landschaften, Orte zu Medien innerer Erfahrung. Der »geistliche Sinn« des Atmosphärischen wird intensiver. Man kann eine romanische Kirche er-»wandern« wie eine Landschaft und im Gehen ihre »Aussage« erfahren. In der Tradition der geistlichen Sinne wurde dies der »Geruchs«-Fähigkeit zugeteilt. Und damit wurde die anthropologische Grundgegebenheit erspürt, daß geistige Werte leibhaft, sinnenhaft ausstrahlen können.

So kann man z. B. die Atmosphäre, die eine Persönlichkeit »umgibt«, »riechen«. Es gibt Menschen, die mit ihrem Eintritt in einen Raum eine Welle von Sympathie oder auch von Antipathie erregen. In der Esoterik hypostasiert man solche atmosphärischen Eindrücke zur »Aura«, die sogar physikalisch meßbar sein soll. Doch damit zerstört man das eigentliche Erleben, das sich nicht mit naturwissenschaftlichen Mitteln greifen läßt. Es ist der Bereich des Geistigen, der mit dem »geistlichen« Sinn des Riechens angerührt wird.

Auch diese Fähigkeit kann als Meditation geschult und eingeübt werden: Man versuche einmal Räume auszu-»kosten«, einen Blick in die Landschaft zum Erlebnis werden zu lassen usw. Es wäre aber gefährlich, menschliche Atmosphäre zu schnell und unreflektiert auf sich wirken zu lassen und als etwas Endgültiges zu beurteilen. Der Mensch ist – wie wir sahen – mehr als nur ein leibhaftes Wesen, er ist frei, entscheidungs- und änderungsfähig. So kann der erste äußere Eindruck, den ein Mitmensch atmosphärisch hinterläßt, oftmals täuschen.

Manch einer bringt eine natürliche Begabung des »geistlichen Riechens« mit ins Leben. Sicher kann sich eine an vormenschlichen Gegebenheiten geschulte »Ausbildung« des »geistlichen« Geschmacksorgans auch vertiefen zu einer sicherer gewordenen Erlebnisfähigkeit selbst im Umgang mit Menschen. So wie der Weinkenner schon mit der »Nase« schmeckt, kann auch der meditierende »Geruchssinn« über atmosphärische Eindrücke urteilen.

Voll und ganz aber wird dieser »geistliche Geruchssinn« lebendig, wenn es um die Dinge Gottes geht, um Heiligkeit, Ewigkeit, Gutheit, Barmherzigkeit. Von Heiligen wird berichtet, daß sie das »Böse« gerochen haben, und dann spricht man vielleicht vom »Schwefelgeruch« des Satans. »Meditation« aber sollte sich bemühen, die Atmosphäre, die Aura, den »Geruch« Gottes zu erspüren. So schreibt Ignatius von Loyola in seinen »Geistlichen Übungen«: »Mit dem Geruch und mit dem Geschmack riechen und schmecken: die unendliche Sanftheit und Süße der Gottheit, der Seele und ihrer Tugenden und von allem gemäß der jeweiligen Person, die man betrachtet.«

Berühren und die Gegenwart Gottes

In der mystischen Erfahrung kommt dem Tastsinn die »Unmittelbarkeit« zu. »Gott berühren« bedeutet, sich »beim« gegenwärtigen Gott zu erfahren. Die Mystiker tun sich schwer, diese Erfahrung zu beschreiben. Teresa von Avila schildert sie z. B. folgendermaßen: Es ist wie in der Gegenwart eines Menschen, und dann wird der Raum völlig dunkel: Du siehst nichts mehr, du spürst nichts mehr, und doch bist du mit der Tiefe deines Selbst in unmittelbarer Gegenwart beim anderen.

Die Bedeutung dieses »geistlichen Sinnes« zeigt sich auch daran, daß der Höhepunkt der mystischen Erfahrung in wohl allen monotheistischen Religionen mit der Liebesbegegnung zweier Personen umschrieben wird. Das Hohelied im Alten Testament, das Lied der Lieder, das im Ursprung eine Sammlung von Liebesliedern ist, wurde als Gleichnis für die Begegnung zwischen Gott und Mensch verstanden, wurde zum literarischen Paradigma der tiefsten Gotteserfahrung.

Eine zweifache Gefahr ist hierbei aufzuzeigen: Einmal kann das sublim Erotische der Bilder ins primitiv Sexuelle hinabgezogen werden. Das kann auf vielfache Weise geschehen, etwa durch die Neugier eines dem natürlichen Erleben entfremdeten Abendländers, der in manchen indischen Tempeldarstellungen nur das Geschlechtserlebnis findet. Aber sicherlich findet man das auch in Verdrängungsphänomenen, wie sie sich in manchen mittelalterlichen Nonnenviten zeigen; dort kann die erotische Sprache in der Mystik schlechtweg ein Indikator für nicht bewältigte Sexualität sein. Doch man muß solche Erzählungen wie die vom leiblichen Austragen und Säugen des Jesuskindes nur mit der gesunden und klaren Sprache Mechthilds von Magdeburg vergleichen, um den Unterschied greifbar zu machen.

Die andere Gefahr ist die Versuchung zur Magie, die gleichsam ein Antipode zur spirituellen Versuchung zum rein Geistigen, Körperlosen darstellt. In der Magie wird das Körperliche, Dingliche, Funktionale des religiösen Vollzugs überbewertet. An der ostkirchlichen Ikonenverehrung kann man die genaue Grenze vom ganzheitlichen Körperlichen zum Magischen aufzeigen. Für den orthodoxen Mönch ist das »Bild des Herrn«, das nach alter Tradition in betender Arbeit gemalt wurde, nicht nur ein Bild von etwas real Unterschiedenem, sondern es trägt in sich schon ein Stück der Realität des Dargestellten. Es ist eine Art von »sakramentaler« Gegenwart Jesu, die auch ein Stück der Gegenwart Jesu im Wort mit sich trägt. Westliche Theologen schrecken vor einer solchen Frömmigkeit schnell zurück, als ob man mit dem Malen und Verehren des Bildes die Gegenwart des Abgebildeten herbeizwingen wolle. Genau das aber wäre Magie in der Art, wie man z. B. durch ein Pentagramm, das auf den Boden gezeichnet wird, Satan herbeizwingen möchte. Doch in der östlichen Ikonenverehrung kommt die inkarnatorische Leib-Seele-Geist-Einheit zum Tragen: In jeder »leibhaft«-dichten Darstellung des Göttlichen ist ein gewisser Grad von »Gegenwart«

mitenthalten; mathematisch-kausales Denken kann das nicht greifen. Aber wer an Gottes schöpferische Allgegenwart glaubt und weiß, daß Gott sich in der Inkarnation seines Sohnes noch einmal darüber hinaus festgelegt hat auf seine Gegenwart in Raum und Zeit, wird zumindest mitfühlen können, daß in der Ikonenverehrung der Ostkirche die Grenze zum Magischen nicht überschritten, wohl aber genau markiert wird: Denn Gott bleibt – in aller Gegenwärtigkeit – der freie Gott, der jenseits unseres menschlichen Zugriffs in seiner Transzendenz lebt. Eine Erinnerung an die seelische (Heil-)Kraft, die von der Hand der Mutter auf der Stirn des kranken Kindes diesem geschenkt wird, mag ahnen lassen, welche Kraft im »Berühren« liegen kann; aber auch schon der schlichte Fingerkontakt mit samtenen Blütenblättern vermittelt innere Erfahrung, die weit über das »Anrühren« hinausreicht.

Das klassische Beispiel der Liebe wird die Perspektiven weiter verdeutlichen. Auch zur Liebe gehört das leibhafte Zeichen, das »körperliche« Ausüben, beginnend bei der Bereitung des Tisches oder dem Kauf von Blumen bis zum Höhepunkt der geschlechtlichen Liebesäußerung, wo innere Haltung und äußerer Ausdruck eins werden. Wenn der äußere Ausdruck Liebe »erzwingen« will und ohne Liebe geschieht, kann man von Vergewaltigung sprechen. Doch stets bleibt das Tun der Liebe wichtig und unersetzlich für die innere Haltung der Liebe. Ähnliches gilt auch für leibhaftes Berühren im religiösen Vollzug – sei es der leibhafte Empfang der konsekrierten Hostie, sei es der Kuß der Reliquie oder der Ikone. Wir rationalistischen Abendländer müssen es uns abgewöhnen, die eigene, über Jahrhunderte gewachsene Mentalität, die den Zugang zu den elementaren Erfahrungen der Leiblichkeit verloren hat, als Maßstab zu setzen.

Ein Meditierender sollte sich also zuerst der Erfahrungsqualität des körperlichen Anrührens bewußt werden.

Man kann die Hand auf den Kopf eines kleinen Kindes legen und durch die noch unverhärtete Schädeldecke das Pulsieren des Gehirns erspüren. Man kann einen Händedruck wechseln und – wie es ja oft geschieht – aus seiner Qualität heraus sich dem anderen Menschen nähern. Es gibt Menschen mit »heilenden« Händen, und wahrscheinlich hat jede Mutter, die am Krankenbett ihres Kindes steht, solche »heilende« Hände. Das Handauflegen im sakramentalen Vollzug der Priesterweihe und auch bei charismatischen Gottesdiensten hat einen tiefen anthropologischen Sinn.

Was das für den Vollzug der Meditation bedeutet, ist leicht ersichtlich. Das Küssen von Reliquien, das Anrühren geweihter Gegenstände, das Weihwassernehmen ist kein Aberglaube, sondern realisiert – wenn es recht geschieht – die Erfahrungsqualität des geistlichen »Berührungssinnes«. In der Leidenswoche vor Ostern sollte man einmal einen Crucifixus von der Wand nehmen und ihn betasten und durch die scharfen und harten Kanten des Holzes etwas von der Härte des Leidens Jesu spüren. Man spaziere durch den Frühlingsgarten und nehme vorsichtig Knospen in die Hand und erspüre durch sie hindurch das sprießende Leben des Baums. Vielleicht wächst dabei ein Verständnis dafür, warum die fromme italienische Mutter in Padua am Grabe des heiligen Antonius dem Marmorblock ein Kußhändchen aufdrückt.

Sicherlich ist es ein weiter Schritt von dieser schlichten volkstümlichen Geste bis zur sublimen Liebesmystik eines Bernhard von Clairvaux, der im Kuß der Liebe aus dem Hohenlied die Trinitätsmystik wiederfindet und über ihn sich hineinleben möchte in die Erfahrung des Geistes Gottes; denn in der Kuß-Begegnung von Vater und Sohn ereignet sich nach Bernhard Heiliger Geist. Angesprochen ist aber in beiden Fällen die gleiche Meditationsqualität, die von der Tradition als geistlicher Sinn des Berührens gedeutet wurde.

Im Innenbereich der geistlichen Sinnenhaftigkeit öffnet sich ein neuer Raum, der Raum des »Selbst«. Daß die »Selbsterkenntnis« die Mutter aller Weisheit ist, geht wie ein roter Faden durch die christliche wie nicht-christliche Tradition. Die Mönchsväter sprechen davon, Gregor von Nyssa baut darauf seine mystische Theologie auf; Bernhard von Clairvaux kann sogar bei der »Selbstliebe« beginnen, um zur Gottesliebe aufzusteigen; für die deutsche Mystik hat Prof. A. M. Haas in einer überreichen Monographie Entsprechendes gezeigt; die »Institutio Christiana« des Reformators Johannes Calvin nennt im ersten Satz »Gotteserkenntnis und Selbsterkenntnis« als eine Einheit. In unseren Jahrzehnten wird Ähnliches neu entdeckt über die Tiefenpsychologie C. G. Jungs.

Ambivalenz der Selbsterfahrung

Gewiß, es handelt sich keineswegs stets um das gleiche Phänomen. Der Spruch des griechischen Orakels im Tempel von Delphi: »Erkenne dich selbst«, bedeutet im Ursprung nicht, wie man es heute nur allzu oft deutet: »Erkenne dich selbst in deiner inneren Größe und Weite«; Hans Urs von Balthasar hat gezeigt, daß im Gegenteil gemeint ist: »Erkenne dich selbst in deiner Schwäche, in deinem Angewiesensein, in deiner Schuld! – Du brauchst die Gottheit.« Und in dieser Akzentuierung wurde der Spruch auch im Christentum traditionsformend: »Je tiefer du in dein Selbst hineinsteigst, desto mehr wirst du gewahr, daß Gott allein es ist, der dich erfüllen und dir Verzeihung und Liebe schenken kann.« Was oben als »offene und geschlossene« Meditation bezeichnet wurde, bekommt in der »Selbsterfahrung« konkrete Züge: Selbsterfahrung als Realisation des Reichtums, der in meiner eigenen Tiefe schlummert; Selbsterfahrung als Realisation der archetypischen Welt, aus der die Fülle meines Daseins emporsteigt; Selbsterfahrung aber auch als die Tiefe der Schuld, die von meiner eigenen Sünde zwar ratifiziert wird, aber deren Wurzeln dennoch tiefer reichen, als mein bewußtes Gewissen weiß – die traditionelle christliche Lehre spricht von »Erbsünde«. Statt aus der Naivität eines gängigen modernen Menschenbildes darüber die Nase zu rümpfen, sollte man sich aufmerksam umschauen: Auch die großen religiösen Bewegungen Ostasiens, auf die man sich in der Polemik gegen die »Erbsünde« berufen hat, schauen mit ihrer Lehre vom »Karma« in eine ähnliche Tiefe, und der marxistische Philosoph Max Horkheimer meinte einmal, Erbsünde sei das Dogma, das man tagtäglich in der Zeitung lese. Die Werke vieler Schriftsteller unseres Jahrhunderts – von Franz Kafka bis Max Frisch – lesen sich oft wie »Lehrbücher« über die Erfahrung dessen, was die christliche Tradition »Erbsünde« nannte.

Das »Selbst« des Menschen ist keineswegs dieses unschuldige, nur von außen her befleckte Ding, als das es hingestellt wird. Das »Selbst« des Menschen reicht in Abgründe hinab, vor denen einen Schrecken befällt. »Verschlossenheit« ist vielleicht die Grundsünde, die das Selbst belastet, weil es im eigenen Bereich verbleibt; »Offenheit« hingegen bezeugt einen »Sünder«, der sich Gott zuwendet und Vergebung erbittet.

Die eben erwähnten religiösen Bewegungen Ostasiens erschließen mit ihren Methoden der Selbstrealisation wichtige Wege zur Meditation des Selbst. Vom nüchternen Standpunkt der meditativen Erfahrung aus gesehen, bedeuten auch das Sitzen und Atmen im Stil des Zen zuerst einmal einen Weg. Dem Verstand, den Sinnesfähigkeiten, aber auch dem Willen und dem Gemüt werden alle »Gegenstände« weggenommen. Der Mensch soll sich in seinem Dasein, in seiner Existenz erfahren und von allen festgelegten »Bahnen«, von Voreingenommenheiten, von Erkenntnis- und Wollensmustern befreien. Der amerikanische Psychologe Arthur J. Deikman spricht von »Enthemmung«: Ich erkenne dabei nicht mehr »etwas«, fühle nicht mehr »etwas«, sondern erkenne das Erkennen selbst und fühle das Fühlen selbst. Es geschieht Selbsterfahrung im höchsten Maße, wenn – durch das japanische Za-Zen in radikaler Konsequenz, mittels Yoga-Übungen etwas behutsamer – diese Erfahrung herbeigeführt wird. Dieses »Herbeiführen« meint keine Kausalität von Ursache und Wirkung. Das Sich-Besitzen des Menschen taucht gleichsam von selbst auf an der Oberfläche des Fühlens, wenn diese bereinigt ist von den Zerstreuungen des Alltags. Und dies geschieht oft in unerwarteter Spontaneität.

Die christliche Mystik hat aber stets einen Unterschied gemacht zwischen dieser Erfahrung der Spontaneität und dem Einbruch göttlicher Nähe. Der flämische Mystiker Jan van Ruusbroec hat schon im 14. Jahrhundert genau den Fragenkreis der Diskussion um »ungegenständliche« und christliche, das »Größersein« Gottes realisierende Meditation umrissen. In erstaunlicher Klarheit beschreibt er die Sitzhaltung, das Leerwerden und das Atmen, nennt dieses »Meditieren« nützlich, warnt aber dann vor einem Stehenbleiben dabei. Ohne »Überstieg« und mit dem Anspruch, jetzt endlich zu wissen oder *die* Erfahrung zu haben, schlägt die »ungegenständliche« Meditation um zur Selbstvergötterung.

Wenn eine solche Meditation – die man methodisch durchaus »ungegenständlich« nennen kann, die aber sachlich und inhaltlich besser mit Worten wie »Stille«, »Leere« oder »Selbst« zu umschreiben ist – gelingt, dann begegnet der Mensch notwendigerweise auch der archetypischen Welt seines Unbewußten. Das kann gefährlich werden ob der aufbrechenden Narben und ungelösten Probleme, die dort verborgen sind. Hier muß der Meditationsmeister sich einbringen. Vielleicht gelingt es dem Meditierenden dann, noch eine Stufe tiefer in sein eigenes Unbewußtes einzudringen – bis dorthin, wo er mit sich selbst identisch ist; das mag eine Erfahrung sein, die der Liebeserfahrung mit Gott bis aufs Haar ähnlich sieht; Martin Buber hat darüber nachgedacht. Ob es aber Gott oder das dämonisch überhöhte »Selbst« ist, entscheidet sich nicht an der Weite oder Ruhe oder unerwarteten Spontaneität dieser Erfahrung. Das wird vielmehr an der Offenheit oder Geschlossenheit dieser Meditationserfahrung sichtbar. Auch Graf Dürckheim schreibt, daß die Hara-Erfahrung im japanischen Zen noch indifferent ist für ein gutes oder ein böses Leben. An der Entscheidung aus eigener Freiheit kommt niemand vorbei. In der christlichen Mystik findet man viele ausgezeichnete Frauen und Männer, wie z. B. Teresa, die von sich sagen, daß auch sie zuerst über das Selbst und dessen in sich ruhende Stille hin zu Gott gelangt sind, der aber dann sich – in Jesus Christus – als mehr und anders gezeigt habe als jede noch so tief und absolut scheinende Selbsterfahrung.

In dieser Ambivalenz der Selbsterfahrung schlägt sich die beschriebene andere Seite des griechischen »Erkenne dich selbst« nieder, die Erfahrung der eigenen Schwachheit, der Angewiesenheit, die sich im christlichen Verständnis potenziert bis hin zur Erfahrung von Schuld, Sünde und Erlösungsbedürftigkeit. Bei den christlichen Mystikern findet man fast durchgängig inmitten der Selbsterfahrung eine »Erfahrung der eigenen Sündhaftigkeit«, die um so stärker wird, je näher der Mystiker bei Gott steht. Man hat das als übersteigert oder gar als psychische Verklemmung verkannt (es gab auch solche Fälle). Doch diese – oft wie eine Grundbefindlichkeit erscheinende – Erfahrung hat ihre psychologischen Wurzeln in der Selbsterfahrung, die stets auch einen Rückgang in die Wurzeln der schuldhaften eigenen Innerlichkeit bedeutet und zugleich in die Nähe Gottes führt –

weg von der Oberflächlichkeit des Alltagslebens. Gerade in ihrer vertieften Selbsterfahrung kamen diese Mystiker zugleich Gott wie der eigenen Schuld nahe.

In dieser Existenztiefe des Menschen gibt es also keinen sublimen Automatismus von Erfahrung, als ob eine »Tiefenerfahrung« von selbst in die Nähe Gottes führe. Gotteserfahrung wird erst wirklich durch eine Grundentscheidung des Menschen, durch seine Entscheidung zur Offenheit, gegen selbstische Abgeschlossenheit. Sie ragt über die Qualität der Selbsterfahrung hinaus. Nur in dieser Entscheidung wird sichtbar, wer gemeint, erfahren ist: Gott oder der Dämon. Beide »Erfahrungen« hat die christliche Mystik immer schon als eng beieinander liegende Alternativen erkannt – und nicht nur die christliche Mystik. Je tiefer eine solche Erfahrung reicht, die den Menschen in sein Selbst führt, um so dünner wird die Wand zwischen den Alternativen. Erst in der Existenzentscheidung des Menschen wird die Erfahrung eindeutig.

Doch schon in der psychischen Welt, die noch vor der Entscheidung liegt und wo die von C. G. Jung so genannten Archetypen zu Hause sind, lassen sich in einer eher wissenschaftlich-kausalen Weise Wege bahnen und qualifizieren, wohin diese oder jene Erfahrung gehört und führen kann. Es ist der Bereich, wo die Lehre von der Unterscheidung (der Geister) ihre Anwendung findet. Was bedeutet z. B. der Kreis, das Mandala, der Baum, der Fisch, die Wassererfahrung, die wie von selbst aus dem meditativen Unbewußten emporsteigen? Die Welt der Träume, zu der ein Meditierender oftmals in Einkehr- und Exerzitienzeiten einen Zugang bekommt, öffnet sich damit. Hier wird ein Begleiter gute Hilfe leisten – manchmal, wenn eine zerstörte archetypische Welt aufbricht, wird er unersetzlich; immer aber wird er als Weggefährte die Entscheidung stützen.

Man darf sich weiter fragen, ob auf dem Weg zu Gott

diese Stufe der Selbsterfahrung nicht notwendig durchschritten werden muß. Mir scheint: Ja! Wenn auch nicht immer in bewußtem Ausschreiten – es gibt in den Heiligenbiographien andere Zeugnisse –, aber im unbewußten Vollziehen ist diese Wegstrecke wohl immer zu durchmessen. Das methodische Bewußtmachen dieser »Etappe« kann einen Weg zu Gott bahnen.

Technik der Selbsterfahrung

Meditation wird im heutigen Sprachgebrauch oftmals verengt mit Methoden der Selbsterfahrung und Selbstwerdung gleichgesetzt. Wir nannten diese Meditation, wenn sie sich absolut-setzt, »geschlossen«. Eingebracht aber in den Prozeß des – auch christlichen – Ganzwerdens hat diese Art von Meditation einen guten Sinn. Wichtig ist, wie gezeigt, ihr »Stellenwert« im Gesamtgebäude der Existenz: Selbstwerden als Offenstehen für den absoluten Wert, der Gott selbst ist. Daher ist es durchaus lohnend, auch ausgefeilte Methoden der »Selbsterfahrung« zu üben – ob sie nun mehr aus dem westlichen Kulturbereich, wie das autogene Training, oder mehr von Ostasien her kommen.
Verständlich ist, daß die großen Erfahrungsreligionen Ostasiens, die nicht so eindeutig auf ein Offenbarungswort ausgerichtet sind wie die biblischen Religionen, die Welt der Erfahrung stärker beobachtet und bedacht haben als das Christentum. Deshalb sollte die christliche Praxis von ihnen lernen.
Meist ruhen diese Methoden auf zwei Grundsäulen: der Körperhaltung und dem Atemvollzug. Eine meditative Körperhaltung, die zur Selbsterfahrung führt, ist das Sitzen im Lotus- oder Diamantsitz; das Becken ist dabei tragender Grund der Leiblichkeit. Wie ein solches Sitzen weitergeführt wird in die christliche Haltung vor Gott, kann man bildlich-anschaulich durch den Vergleich des

Broncestatue
des „Großen Buddha"
(Kamakura/Japan).

Christus-Miniatur.
Evangeliar aus St. Maria
ad Martyres, Trier:
„Thronender Christus"
(Staatsarchiv Koblenz).

Buddha-Sitzes mit dem Sitz des romanischen oder ostkirchlichen Pantokrators erkennen. Auch diese Chri-
stusdarstellung ruht auf der Basis des Beckens. Aber zugleich richtet sie sich auf in die Höhe. In der fernöstli-
chen Sitzhaltung ist nur eine geometrische Bezugsform
maßgebend: der Kreis – wie ja auch in der Zen-Kalliogra-
phie der Kreis ohne Mittelpunkt höchstes Symbol ist.
Diese »Kreisform« erhält aber in der stark leibhaft emp-
fundenen Darstellung des Pantokrators eine senkrechte
Ausrichtung nach oben hin. Der Kreis bleibt maßgebend
für die »Selbstfindung«, aber übersteigt sich zugleich
nach oben in das wahre »Transzendente«, auf Gott hin.
Ähnliches kann man an »Yoga«-Übungen zeigen. Sie versuchen, den körperlichen Rhythmus von Entspannung

und Spannung erleben zu lassen. Und diese Erfahrung, die einen Lebensrhythmus im »Kleinen« darstellt, bringt den Menschen zu seinem eigenen Selbst, zu einer Ganzheitserfahrung. Sie kann einen wichtigen Schritt hin zum voll-bewußten Leben bedeuten. Doch voll-bewußtes Leben strebt über die Selbsterfahrung hinaus nach Begegnung: von sich und seiner Innerlichkeit wegschauen auf den anderen, christlich gesprochen: letztlich auch auf *den Anderen.* Und hier ist zu fragen, ob man die Einübung in den Rhythmus von Spannung-Entspannung nicht auch in die christliche Lebensauffassung einbringen sollte: Wir sind Pilger auf dem Weg zum letzten Ziel, auf Gott hin. Yoga-Rhythmus als somatischer Erfahrungsausdruck des »Pilger«-Daseins!

Jedesmal geht es nicht um Gegensatz, sondern um Integration. Manche westlichen Propagierer östlicher Spiritualität sagen, daß das Personale, das Begegnungshafte, das Ausgerichtetsein nur Vorform sei, die integriert werden müsse in die Letzterfahrung des reinen, gegenstandslosen Selbst. In entsprechender Weise sollten wir Christen Mut und Offenheit besitzen, diese Methoden der »Selbsterfahrung« nicht abzulehnen, sondern als genuinen Weg in die volle christliche Erfahrung anzuerkennen. Gott ist, mit Augustinus gesprochen, nicht nur »innerlicher als mein Innerstes«, sondern ebenso auch und noch mehr – und diese Fortführung des Zitates unterschlägt man meist – »höher als mein Höchstes«.

Von der zweiten Säule der Methoden zur Selbsterfahrung, dem Atem, kann man Entsprechendes sagen. Atmen verbindet, wie ein sechster Sinn, den Menschen mit seiner Umgebung. Wer sich seinen Atem bewußt macht – vielleicht auf einem Berg stehend –, der kann das Gefühl der Verbundenheit mit dem Weltenraum geschenkt bekommen. Atmen ist aber zugleich eine Fähigkeit des Menschen, die er steuern kann wie Essen und Trinken, ohne daß er sie völlig zu beherrschen vermag, wie es beim Essen und Trinken der Fall ist. Atmen vollzieht sich also im Zwischenbereich der bewußten und unbewußten Fähigkeiten des Menschen; letztere laufen wie der Blutkreislauf oder die Darmperistaltik einfach ab. Durch ein Atemtraining kann es einem Menschen gelingen, in seine organischen-körperlichen Abläufe einzudringen. Man weiß von Yogis, die Herzschlag und Darmperistaltik zu steuern vermögen oder mit dem Luftvolumen zwei Wochen lang auskommen, das normalerweise der Mensch in vier Stunden schon verbraucht hätte.

Das sind eher äußerliche Phänomene. Aber sie zeigen, daß der Mensch mittels Atemtraining seinen Erfahrungsraum in die Unendlichkeit des Weltraums erweitern kann und zugleich in die Innenwelt seiner leibseelischen Einheit eindringt. Die entsprechenden Übungen sind im Yoga wiederum auf Spannung-Entspannung aufgebaut, während sie in der Zen-Form des Buddhismus einfachhin auf Ruhe, Freiwerden, Loslassen aufruhen.

Man soll und darf christlich weiterdenken und auch weiterüben: atmen als »Ikone« von Gottes Geist. Sprachlich gibt es im Lateinischen (spiritus), Griechischen (pneuma), Hebräischen (ruach) jeweils nur ein Wort für den menschlichen Atem und für Gottes Geist, Gottes »Hauch«. Es ist also nur vonnöten, diese Selbsterfahrung aufgrund buddhistischer Atemübungen zu integrieren in den Glauben an Gottes Geist, in dem wir nach Paulus beten und der das ganze Weltall erfüllt. Gottes Geist aber ist kein »Selbstzweck«. Er ist die »zwecklose« Liebe zwischen Vater und Sohn; er ist die Kraft, die alles beseelt und alles zum Ursprung der Vaterliebe zurückführt.

Gewiß, eine solche christlich geöffnete Erfahrung wächst nur aufgrund der christlichen oder humanen Entscheidung für das Du Gottes oder eines Menschen. Wo »Selbst«-Erfahrung, wie sublim sie auch verstanden wird, das Letzte und Tiefste ist, hat sie keinen Platz für »mehr«. Aber wo ein Mensch unter Menschen oder vor

Gott weiß von der Liebe als dem Gipfel aller Erfahrung, da wächst wie von selbst auch die »geschlossene« Meditation, die im »Selbst« ausruhen möchte, über sich hinaus zur Offenheit auf ein Du, hinein in die Erfahrung der Begegnung.

Zu fragen wäre nun weiterhin nach den spezifischen Techniken der Selbsterfahrung. Hier ist dankbar zu gestehen, daß die Erfahrungsreligionen des Ostens einen reichen Schatz anzubieten haben. In Einzelheiten sich zu vertiefen ist nicht die Aufgabe dieses Buches. Man lernt diese Techniken sowieso besser in der Praxis als vom geschriebenen Papier her. Und es gibt genügend Bücher und Kurse, die dergleichen anbieten.

Wer sich auf Yoga oder Zen mit bewußt christlicher Grundhaltung einläßt, sollte keine Angst vor weltanschaulicher Indoktrination haben. Solche Übungen und auch ihre Erfahrungen haben ihren guten Stellenwert im Christentum. Wer allerdings unsicher in seiner Grundhaltung ist, den können Übungen fernöstlicher Provenienz, wenn sie intensiv und als weltanschaulicher Letztwert angeboten werden, aufgrund ihrer Eigengewichtigkeit noch weiter von der Mitte des Christentums entfernen – ein Vorgang, der leider allzu häufig stattfindet.

Noch ein weiteres ist zu sagen: Übungen zur Selbsterfahrung – sei es Yoga, sei es autogenes Training – erfordern zwar Hilfe, wenn sie in Reinform und intensiv eingeübt werden. Aber alle diese Methoden greifen humane Grunderfahrungen auf, die jedermann zugänglich sind. Das meiste, was auch von sogenannten »Spezialisten« angeboten wird, ist weniger eine ausgesprochene »Kunst« als etwas sehr Normales und vielen auf den Leib geschrieben. Wenn man sich der Grunddaten vergewissert – Körperhaltung, die entspannt in sich selbst ruht, und Atmung, die den Kontakt mit der Atmosphäre und das Pulsieren des eigenen Lebensrhythmus zu erspüren und in ihm zu ruhen sucht –, dann kann jedermann schon ohne spezielle Schulung eine Meditation gelingen, die zur Selbsterfahrung öffnet.

Man stelle sich vor das geöffnete Fenster, versuche den Luftstrom im Atmen zu erfahren, lasse den Körper erst im Rhythmus mitschwingen und dann zur Ruhe kommen. Wie von selbst wird sich diese Atem- und Rhythmuserfahrung umsetzen in eine Sitzhaltung. Und auch hier versuche man in sich zu ruhen – nicht in lässiger Schlafhaltung, sondern in Sammlung und Vertiefung. Und immer muß das Atmen wie ein Regulator Haltung und Erfahrung durchziehen. Wenn man eine ruhig-gesammelte Haltung erreicht hat, sollte man immer gelassener in seinen eigenen Atemrhythmus sich einfühlen. Man wird ein Schwingen, eine Harmonie, eine Ruhe erfahren, in der das eigene Selbst nicht mehr vor einem steht wie ein Objekt, sondern zur in sich selbst ruhenden Erfahrung wird. Es ist, wie wenn man auf einem klaren See schwimmt und sich dem tragenden Wellenschlag überläßt.

So etwas kann wohl ein jeder ein klein wenig einüben und damit etwas von dem erfahren, was von östlicher Religiosität als Meditation angeboten wird und was in der Tat einen wichtigen Stellenwert in der christlichen Erfahrung hat oder doch haben sollte.

Göttliche und dämonische Mystik

Alle die christlichen Mystiker und Lehrer, die über die Erfahrung Gottes auch reflektiert haben, finden drei Grundkräfte, die den Menschen anrühren und sein Innerstes bewegen. Der erste Lehrer der Unterscheidung, Origenes, schon stößt an, was dann in der Auseinandersetzung des Diadochus von Photike mit den Messalianern zur Reife geführt wurde und was Ignatius von Loyola in den »Geistlichen Übungen« als methodischen Weg ausarbeitet. So verschiedene Geister wie Franz von

Sales oder Theophrastus Bombastus Parazelsus wiederholen es: Gottes Geist kann den Menschen bewegen; der eigene Geist kann den Menschen anstoßen; doch auch ein Dämon kann am Ursprung einer »Inspiration« stehen.

Beim Nachsinnen über die Selbsterfahrung ist es vonnöten, auch diesen Aspekt zu beachten. In der christlichen Spiritualität gibt es nämlich viele Zeugnisse für die enge »phänomenologische« Verwandtschaft zwischen göttlicher und dämonischer Mystik, zwischen dem Anstoß Gottes und dem seines Widersachers, der oftmals auch deshalb »Affe Gottes« genannt wird – obgleich sie in Wirklichkeit entgegengesetzt sind. Hier interessiert der Erfahrungsbereich, in dem das Göttliche und das Dämonische aufeinanderstoßen.

Schon im Vorraum der Selbsterfahrung gibt es entsprechende Zeugnisse für die phänomenologische Ähnlichkeit beider Erfahrungswelten, die in sich natürlich völlig verschieden sind. So spricht der mittelalterliche Mystiker, Jan von Ruusbroec, genau dasselbe aus, was 500 Jahre später Martin Buber in »Ich und Du« beschreibt: »Nun merket euch: Wenn der Mensch bloß und bildlos ist nach den Sinnen und müßig ohne Tätigkeit den obersten Kräften nach, so gelangt er rein natürlich zur Ruhe. Und diese Ruhe können alle Geschöpfe finden und in rein natürlichem Zustande ohne Antrieb der Gnade Gottes in sich besitzen, wenn sie sich nur von Bildern entledigen und von jeglicher Tätigkeit losmachen können. Der liebende Mensch kann aber hierin keine Ruhe finden, denn die Liebe und das innerliche Ruhen der Gnade Gottes rasten nimmer, und deshalb kann der innige Mensch in seinem Innern nicht lange in (rein-)natürlicher Ruhe verharren. Betrachte aber nun die Art und Weise, wie man diese natürliche Ruhe pflegt. Es ist ein Stillsitzen ohne Übung, weder von innen noch von außen, in Untätigkeit, nur damit der Ruhezustand eintritt und ungestört bleibe... Und diese Ruhe ist bloß ein Müßigsein, in das der Mensch verfällt, während er sich selbst, wie auch Gott und alle Dinge vergißt, wo immer es gilt, tätig sein. Diese Ruhe ist der übernatürlichen Ruhe, die man in Gott besitzt, entgegengesetzt, denn selbige ist eine minnigliche Zerflossenheit (verbunden) mit einem einfachen Blick in das unbegreifliche Licht. Diese Ruhe in Gott, die immer mit innigem Verlangen tätig erstrebt, in genießender Neigung gefunden und in Zerflossenheit der Minne ewig besessen, und die einmal besessen, dennoch immer erstrebt wird, diese Ruhe ist über die natürliche Ruhe so hoch erhaben, wie Gott über alle Geschöpfe erhaben ist. Und deshalb sind alle diejenigen betrogen, die sich selbst suchen... Diese (natürliche Art der) Ruhe ist in sich keine Sünde, denn sie ist von Natur in allen Menschen, sofern sie sich entledigen können. Will man sie aber üben und erlangen ohne die Werke der Tugend, so fällt der Mensch in geistige Hoffart und in eine Selbstgefälligkeit, wovon man nur selten geneset. Und bisweilen wähnt ein solcher, das schon zu besitzen und zu sein, zu dem er niemals kommen wird« (Die Zierde der geistlichen Hochzeit, II 74).

In klassischer Weise wird hier der Unterschied von »offener« und »geschlossener« Meditation entfaltet, wonach die »geschlossene« in einer gewissen Relativität gut sein mag, aber absolut gesetzt sich gegen Gott stellt. Die Methodik, die Ruusbroec berührt, entspricht bis aufs Haar den Übungen des Za-Zen. Im Phänomen sind sich Selbsterfahrung und Gotteserfahrung recht ähnlich, in der Seinswirklichkeit aber diametral verschieden. »Jedoch sieht die natürliche Liebe, den äußeren Werken nach, der göttlichen so ähnlich, wie zwei Haare auf einem Haupte; die Absichten aber sind verschieden« (II 75). Meister Eckhart kommt in seiner berühmten Zweiten Predigt über die Geschwister von Bethanien auf das gleiche Phänomen zu sprechen; die großartige Dreifaltigkeitspredigt von Johannes Tauler berührt entsprechende Fragen; in den ostkirchlichen Diskussionen um das Jesus- oder Herzensgebet geht es auch um Ähnliches. Bedauerlich ist nur, wie diese große christliche Überlieferung verstellt und vergessen wird.

Doch man muß dem grundlegenden Unterschied in der phänomenalen Ähnlichkeit weiter nachgehen. Franz von Sales faßt in seinem »Theotimus« (II) die Lehre der Tradition zusammen und spricht von der »Unterscheidung der göttlichen von den menschlichen und dämonischen Ekstasen«. »Deshalb ist es nicht verwunderlich, daß der böse Geist, der als Affe Gottes die Seelen täuscht und den Schwachen Ärgernis gibt, sich in einen Geist des Lichtes verwandelt, indem er in Seelen, die in der wahren Frömmigkeit nicht solide genug unterrichtet sind, ein Hinweggerissen-Werden verursacht.«

In naiver »narrativer« Theologie findet man diese Lehre schon in den Anekdoten der Wüstenväter. So hatte ein Eremit ständig »Visionen« von Jesus; er aber wies sie ab und betete: »Ich bin und bleibe ein Pilger, nur meine Liebe reicht zu Dir, o Jesus; die Erfahrungsfülle Deiner Herrlichkeit soll mir Geschenk der Ewigkeit, nicht aber Gewißheit der Gegenwart sein.« Da plötzlich enthüllte sich die Vision als Fratze des Satans, der den Eremiten durch eine falsche Gewißheit zu verführen suchte. Das, was Franz von Sales aus dem 2. Korintherbrief des heiligen Paulus aufgegriffen hat: »Der Satan tarnt sich als Engel des Lichtes« (2 Kor 11,14), wird in der Mönchsanekdote drastisch veranschaulicht.

Für unser Suchen nach der Gestalt und den Wegen der christlichen Meditation sind diese Zeugnisse eine ernste Warnung. Das Verweilen der Meditation in gegenstandsloser Selbsterfahrung, das eine Hilfe bieten kann zur Vertiefung der eigenen Persönlichkeit und auch zum Bewußtwerden des eigenen, existentiellen Glaubens kann nicht nur ablenken von der Mitte der Gottesmeditation, sondern auch umkippen zu dem, was Franz von Sales »dämonisch« nennt.

Keine Meditationsweise ist aus sich heraus schon geschützt vor jeglichen Gefahren; sie braucht gleichsam Leitlinien von außen: die Entscheidung für Gott, die innere Glaubensgewißheit usw. Je tiefer ein Meditieren greift, desto offener wird es auch für die Gefährdung, desto wertvoller allerdings auch zur Verinnerlichung des christlichen Glaubens. Daher geht es auch in dieser Überlegung nicht um ein »Nein«, sondern um ein verantwortetes, »unterscheidendes« Ja.

Der meditative Anruf durch das Wort

Entscheidungen durchziehen mehr oder weniger tief alle Ebenen des Meditierens. Auf der Stufe der Selbsterfahrung aber wird die Entscheidung dringlich: Schließt du dich ab in deiner Tiefe? Erweiterst du zwar den Horizont deines Selbst bis in eine Unendlichkeit hinein und bleibst dennoch in deinem immer weiter werdenden Selbst? Oder durchbrichst du diesen – noch so weiten – Kreis und öffnest dich dem anderen, was in christlichem Verständnis letztlich von *dem Anderen* getragen ist?

Auf der nun zu beschreibenden Stufe des Wortes scheint diese Entscheidung gefallen zu sein. Gewiß kann man ein Wort, einen dichterischen Vers etwa, »hören« zur Selbsterfahrung und zur Selbstfindung. Doch damit wäre man im Grunde auf der Stufe der sinnenhaften »Verinnerlichung« stehengeblieben. Was es jetzt zu beschreiben gilt, ist wesentlich neu und anders.

In der Tradition der christlichen Meditation hat man an dieser Stelle den »vierfachen Sinn« der Heiligen Schrift ausgearbeitet: *einen Realsinn der Worte,* worin nur sachlich der »Stoff« der Aussage dargestellt wird und der meditierende Mensch davon unberührt draußen stehenbleibt; *einen christusbezogenen Sinn der Worte,* der hinführt zum »personalen« Inhalt des Gesagten; *den mich angehenden Sinn der Worte,* der mich trifft und zur Entscheidung herausfordert; *den »endzeitlichen« Sinn der Worte,* der den Kreis des Verstehens und Erfahrens öffnet für das, was Gott einmal als Erfüllung schenken wird.

Natürlich muß eine solche Methode im Blick auf die Möglichkeiten und Voraussetzungen der Gegenwart sich verändern. Auf jeden Fall zeigt sie, daß ein meditatives Eindringen in die Worte der Heiligen Schrift dem damaligen Bibelleser selbstverständlich gewesen ist. Und das protestantische Verkennen der Mystik, die dem »Wort« der Schrift feindlich sein soll, mag zeigen, wie sehr man dies vergessen hat. Ähnliche Irrwege und Sackgassen gibt es auch im katholischen Raum. Aber man muß nur auf ein Jahrhundertwerk wie Romano Guardinis »Der Herr« hinweisen, um zu erkennen, daß das meditative Anliegen niemals ganz vergessen war. Heute, wo viele aus der »Meditationsbewegung« zum Irrationalismus tendieren und alles Worthafte schon als verkopft ablehnen, muß es ein besonderes Anliegen werden, das Wort wieder in seine meditative Würde einzusetzen.

Wer ein fremdes Wort innerlich, nicht nur akustisch zu hören versteht, durchbricht den Zirkel seines Selbst. Sätze können als reine Informationsträger betrachtet werden, d. h. sie bringen diese oder jene Nachricht, die man aber ebensogut über ein technisches Gerät vermitteln könnte, über einen Computerspeicher, der sein Programm ausdruckt, oder Ähnliches. Mit einer solchen »Information« wird das menschliche Wissen jedoch nur wie ein Informationsspeicher erweitert, nicht aber das »Selbst« in der Tiefe, um die es hier geht, getroffen. Es gibt auch eine vom Wort getragene Vermittlung, die etwas weitergibt, was nicht mit den Speichermöglichkeiten des »Computer«-Wissens zu fassen ist. Die Sprachwissenschaft spricht von performativen Äußerungen, das sind Sätze eines Menschen, in denen das Sprechen und auch Hören als »Tun« mit zum Inhalt des Auszusagenden und zu Verstehenden gehört. Wer z. B. sagt: »Ich liebe dich«, schaut nicht zuerst seinen emotionalen Zustand an und berichtet dann über das empirisch Wahrgenommene, sondern legt seinen Zustand und sein Tun, seine Emotion und seine Zuneigung in das Aussprechen des Satzes selbst hinein. Wer einen solchen »Satz« also angemessen hören will, muß auch die bloße Feststellung: »So ist es!« übersteigen zu einem emotionalen (zustimmenden oder ablehnenden) Entscheiden und Antworten. Er beginnt zu meditieren.

Was an dem Satz »Ich liebe dich« auf der personal höchsten Ebene gezeigt ist, wiederholt sich in verschieden abgestufter Dichte auch anderswo. Es gibt Sätze – und ein Großteil der gesprochenen Worte hat daran Anteil – die in ihrem vollen Gehalt nur verstanden werden können, wenn sie vom Hörer mit-vollzogen sind, also nicht nur »intellektuell« erkannt, sondern in ihrem Gehalt ganzheitlich erspürt werden. Sie müssen »meditiert« werden.

Was in Hochform bei Äußerungen der Liebe geschieht und für vieles gilt, ist exemplarisch an poetischen Aussagen aufzuzeigen. Das geschriebene, zu hörende oder zu lesende Wort wird darin zur Kraft und zum Medium von Meditation. Daher muß auch in diesem Kapitel nicht mehr wie bisher nur über das Meditieren berichtet werden, sondern die Meditation kann im Text, im geschriebenen Wort selbst aufleuchten.

Die deutsche Jüdin Nelly Sachs, die für ihr schmales poetisches Werk den Nobelpreis bekam, läßt uns in zwei Strophen in ihr eigenes Leben hineinschauen:

Die gekrümmte Linie des Leidens
nachtastend die göttlich entzündete Geometrie des
    Weltalls

immer auf der Leuchtspur zu dir
und verdunkelt wieder in der Fallsucht
dieser Ungeduld ans Ende zu kommen –

Und hier in den vier Wänden nichts
als die malende Hand der Zeit
der Ewigkeit Embryo
mit dem Urlicht über dem Haupte
und das Herz der gefesselte Flüchtling
springend aus seiner Berufung: Wunde zu sein –

Das Meditieren eines solchen Textes sollte mit dem Hinhören auf den Wortklang beginnen. Die sich häufenden
Sinnworte der ersten Strophe, in der kein verbales Geschehen die Eindrücke zusammenbindet und dadurch
lockert, vermitteln eine Aussagefülle, die man kaum zu
bewältigen vermag. Man weiß nicht, ob dies in die Weite
oder in die Enge führt. Man kann es akustisch verneh-
men, wenn man jedes einzelne sinntragende Wort betont: In der ersten Strophe bringen alle mehrsilbigen
Wörter gewichtige Aussagen. Man fühlt sich – schon
akustisch-musikalisch – erdrückt von Eindrücken wie
von schweren Steinen, man keucht wie in stickiger Luft.
Es ist kaum zu ertragen, was an Gehalt auf einen nieder-
stürzt. Ein seltsamer Zwiespalt: der weite Blick ins Weltall und die erspürte Beklemmung. Das Bild malt eine
Sternschnuppe ans Firmament: Sie leuchtet plötzlich
auf, gekrümmt nach der Rundung des Weltalls, stürzt
hin »zu dir«, aber so hastig, so »ungeduldig«, daß sie sofort wieder verlöscht und ins Dunkel fällt. Ist das Weite?
Ist das Enge? Oder beides in eins?
Die zweite Strophe führt in ein enges Zimmer, das Kran-
kenlager der Dichterin: Vier Wände, und an einer erscheint die Schrift, die Daniel dem König Belschazzar
deutete: »Mene mene tekel u-parsin«. Es ist die Ankündi-
gung des Untergangs, die der Prophet dem babyloni-
schen König auslegte. Die schreibende Hand, die auf vie-

len frühen Miniaturen für Gottes Wirken und Wirklichkeit steht, wird hier zur Zeit, zum Embryo der Ewigkeit.

Der Eindruck wird darin persönlicher. Nelly Sachs war krank, psychisch leidend am Unheil, das sie als Jüdin mit ihren Volksgenossen mitlitt. Und dieses Leiden malen die Bilder beider Strophen. Im Weltall ist es das Leid, das in seiner schmerzvollen Krümmung Gottes Spuren nachtastet – hin »zu dir«. Im Zimmer ist es die von Ungeduld getriebene, aber ans Bett gefesselte Zeit des Flüchtlings ohne Heimat. Die Berufung beider heißt: Wunde sein, leiden.

Beide Bilder entsprechen sich wie Makrokosmos und Mikrokosmos. Man muß sie – ebenso wie vorher auch die akustische Schwere der Verse – nachempfinden: die Geschlossenheit des Weltalls, das trotz seiner Unendlichkeit endlich und dunkel bleibt, weil es zu Ende gehen wird – und die Geschlossenheit des Krankenzimmers, in das die Hand der Zeit das Ende hineinmalt. Leiden heißt, seine Endlichkeit zu erfahren, in der »Ungeduld ans Ende zu kommen« und damit in die Dunkelheit zu fallen. Leid aber ist die »göttliche Geometrie«, oder vorsichtiger gesagt: Nur im Leiden – an der »gekrümmten Linie« der Sternschnuppe entlang – können wir die göttliche Geometrie ertasten. Nur die erlittene Zeit wird zum Embryo der Ewigkeit, zur Einbruchstelle von Unendlichkeit; nur in ihr kann das Urlicht sichtbar werden, nur im Leid. Und dieses »Urlicht« läßt das Herz »springen aus seiner Berufung: Wunde zu sein –« springen wohin?

Irgendwann kommt die verstandliche Auflösung der Poesie an ihr Ende. Jetzt muß man schauen, sich einfühlen, hinhören, sich öffnen. Der verstandesmäßige Niederschlag dessen, was dann geschieht, mag sich verschieden artikulieren; aber der Blick trifft jedesmal das gleiche: Was heißt Leid? Was bedeutet Leid? Warum Leid? Man kann sich der Dichterin selbst zuwenden, an ihrem Leben, an ihrer Persönlichkeit mitfühlend die Wirklichkeit des Leidens erspüren; ihre kürzlich veröffentlichten Briefe geben ein erschütterndes Dokument dazu in die Hand. Man kann die Frage an sich selbst richten, eigene Erinnerungen hochsteigen lassen (oder auch zukünftigen Dunkelheiten entgegensehen): Was ist das Leid? Etwas, was man verdrängen soll? Etwas, was man akzeptieren muß wie eine psychologische Meßlatte für die Reife der eigenen Persönlichkeit? Oder noch mehr? Nelly Sachs weiß, daß es »mehr« ist: Leuchtspur, Ewigkeit, Licht, Berufung... Aber eben nicht »mehr« in einem rational-faßbaren Sinn, sondern »mehr« nur in der dichterisch-meditativ zu vermittelnden Atmosphäre.

Und diese soll meditiert werden, ihr muß ich mich vorsichtig, Schritt für Schritt nähern, damit eben nicht nur mein Verstand etwas einsieht, sondern der ganze Mensch mitschwingt mit dem, was Nelly Sachs in dichterische Form gebracht hat, mit der unausweichlichen Düsternis des Leidens, die aber gerade in der Dunkelheit doch in ein Licht hineinblickt. Wem sollte eine solche Meditation nicht helfen, Situationen im eigenen Leben zu bewältigen?

Nur anzudeuten ist der weitere Schritt in die Glaubensgewißheit hinein. Die Jüdin Nelly Sachs hat sich tief in die »mystischen« Schriften ihrer Tradition hineinversenkt. Sie fand dort dasjenige, was auch Marc Chagall in seinen Bildern dargestellt hat: die Rolle des Kreuzes, des Leidens für das Heil der Welt, das Heil des »Weltalls«. Sie hat dies nicht in intellektueller Einsicht, sondern in ganzheitlicher Erfahrung erspürt. Auch dieses Gedicht mit seinem vorsichtigen Aufblick zum »Mehr« ist ein Zeugnis dafür, daß es ihr – in allem Leid – gelungen ist, mit dem Leid umzugehen.

Das Meditieren solcher Verse bewegt sich von außen, vom Wortklang, von den Bildern, von der Abfolge der »Visionen« bis in die Tiefe hinein, wo es nicht mehr um schematisches Ordnen von Aussagen, sondern um persönliches Beteiligtsein geht. In doppelter Weise wird dabei der zu enge Kreis, der sich um das Selbst herumlegen kann, aufgebrochen: Einmal kommt das Schicksal dieser so schwachen, aber starken Frau in den Blick. Ich muß aus den eigenen Belangen »herausspringen« in die »Berufung: Wunde zu sein«. Aber damit ist man – zweitens – auch selbst vor die eigene Endlichkeit gestellt, vor den eigenen Schmerz und das eigene Versagen. Wer dieses eigene Schicksal in der prophetischen Weite der Nelly Sachs anzuschauen versucht, bricht den engen Kreis des eigenen Bewußtseins auf: Was heißt Leid, Tod, Sterben, Vergeblichkeit, Eingesperrtsein und all das andere?

Und vielleicht kann sich ein Drittes ereignen, was bei Nelly Sachs nur angedeutet ist, das aber dennoch ihr Leben erst möglich machte: die Hoffnung auf den Sinn – nicht hinter, nicht neben, nicht unter, sondern – im Leid. So paradox das klingen mag, das Gedicht spricht davon, und das Gedicht ist durch die Erfahrung seiner großen Autorin in der Wahrheitsaussage gedeckt. Steht ein Christ hiermit nicht unmittelbar vor der Botschaft von Karfreitag und vom Kreuz?

Die meditativen Schritte, die anhand der Verse gegangen wurden, haben das Fundament der Leiblichkeit nicht verlassen. Dort schon ist alles gegründet, verwurzelt, was Nelly Sachs in ihren Versen schaute und was der Leser meditierend nachzuvollziehen sucht. Aber sie haben den Schmerz transparent gemacht für Geistiges. Meditation des Wortes ist gewiß ein Geschehen, das weitaus differenzierter ist als eine bloße Leibmeditation. Aber es überspringt die Leiblichkeit keineswegs. Im Gegenteil! Man darf zu sagen wagen: Nur wenn die eigene Leiblichkeit emotional miteinbezogen ist in die Wortmeditation, gelingt eine Ganzheit, die das Hören-und-Lesen zu einem wirklichen meditativen Geschehen macht. In der ganzheitlichen Einheit des menschlichen »Verstehens« (was im Grunde ja das Meditieren bewirken und vollziehen soll), wird eine Sinnerfahrung geschenkt, die zugleich erfahrungstief – wie der Ursprung in der Leiberfahrung – und geistig ansprechend-auffordernd ist – wie das Hören auf ein lebendiges Wort. Erst in einer solchen Ganzheit erfüllt sich das, was mit Meditation verheißen wird.

Die Liebe als Gipfel des Meditierens

Von der zuletzt beschriebenen Ganzheit her wird der Höhepunkt des Meditierens sichtbar. Schon als wir von der Leiblichkeit sprachen und den »geistlichen Sinn« des Berührens vorstellten, kam das gültige Paradigma menschlicher Begegnung mit Gott in den Blick: die Liebesbegegnung zweier Menschen. Doch ging es dort erst um das innere Erspüren.

Über die vom Wort geschaffene Öffnung zum anderen hin kommt das Berührte zur vollen Gestalt. Man muß es eigentlich nur aussprechen, um zu wissen, daß es nicht anders sein kann: Die Erfahrung von Liebe ist Höhepunkt aller meditativen Erfahrung. Und alles, was an meditativer Methodik gültig ist, bleibt Wegweiser, der zur Liebe führt. Je feinfühliger und differenzierter diese Wegweiser sprechen, je eindeutiger sie sich dem menschlichen Zugriff, der Technik und Methodisierung entziehen, desto deutlicher wird auf ihnen die »Logik der Liebe« sichtbar. So widerspricht es weder der Liebe noch der Meditation, daß man sich vorbereitet, Methoden und Anwege sucht, sich im Vordergründigen einübt; und doch muß, nein darf man dann erfahren, daß das eigentliche Letzte ein Geschenk ist – bei der Liebe noch mehr als beim Meditieren.

Man muß an dieser Stelle wieder darauf hinweisen, daß in der christlichen Tradition nun tatsächlich die Geschichte der Liebe als Bild für den methodischen Weg der Meditation genommen wurde. Bis in kleine Einzelheiten kann man die Wegetappen parallelisieren: Der Sinn des Opfers und der Entsagung, die Rolle des Wiederholens und geduldigen Wiederanfangens, die Bedeutung der Gesten und der Stille sind Zeichen der Liebe und Zeichen im meditativen Vollzug. Das bisher über Meditationsmethodik Gesagte und auch, was noch zu sagen ist, läuft auf diesem Gipfel der Meditation, in der Liebe zusammen.

Für die christliche Meditation – und auch für jede vollhumane und nicht nur selbstbezogene oder nur medizinisch-psychologische – ergibt sich: Der scheinbare Widerspruch, daß irgendwann die »Erfahrung« das eigene Ich und auch die Tiefe des Selbst überschreitet und daß gerade dieser »Überschritt« den Höhepunkt der Erfahrung darstellt, bekommt Sinn auf der Ebene der Liebe. Denn hier darf der Mensch erfahren, daß damit eben kein Widerspruch gesetzt, sondern das Phänomen der Liebe beschrieben ist. Martin Buber schildert es in seinem philosophischen Grundwerk »Ich und Du« folgendermaßen: Menschen, »die in der Leidenschaft des erfüllenden Eros so vom Wunder der Umschlingung verzückt werden, daß ihnen das Wissen um Ich und Du im Gefühl einer Einheit untergeht, die nicht besteht und nicht bestehen kann. Was der Ekstatiker Einung nennt, das ist die verzückende Dynamik der Beziehung..., die sich vor deren einander unverrückbar gegenüberstehende Träger stellen und sie dem Gefühl des Verzückten verdecken kann... Die Beziehung selbst, ihre vitale Einheit wird so vehement empfunden, daß ihre Glieder vor ihr zu verblassen scheinen.«

In diesem Zitat ist angedeutet, wieso eine solche »meditative« Liebeserfahrung verwechselt werden kann mit Verschmelzung. Bei Liebenden gerät die Zweiheit der Beziehung aus dem Blick, weil das verzückte Empfinden der Einheit überstark wird. Aber gerade darin wird die

Zweiheit der Beziehung erst begründet: Jeder wird er selbst und kann sich dem anderen in seiner Ganzheit schenken. Entsprechendes geschieht auch in der Liebeserfahrung der Mystiker, die verzückt sind von Gott und Gottes Werk. Sie schauen nicht mehr zurück auf den eigenen Bestand, sondern hinein nur in die Beziehung zum anderen, zu Gott und seiner Göttlichkeit; und so vergessen sie sich selbst in ihrem Eigensein. Aber in Wirklichkeit gründet gerade diese Gipfelbeziehung der meditativen Liebe darin, daß hier »Beziehung zwischen beiden« sich abspielt; und eben in diesem Vergessen des eigenen Ich wird das Ich oder Selbst in sich bestärkt und aufgebaut. Die Zweiheit der Beziehung wird erst vollgültig zur Zweiheit und zum Gegenüberstehen, wenn das Band der Liebe alle Zweiheit vergessen macht. Ob nicht alle diejenigen, die mystische Erfahrung als endgültige Verschmelzung oder als Aufgehen in der Seinseinheit mit dem Göttlichen ansehen, das Geschenk der Liebe entbehren müssen und deshalb »Verschmelzung« höher einschätzen als »Beziehung« – weil sie das Geschenk der Beziehung niemals gültig erfahren durften? Wie sehr aber eine pantheistisch scheinende Formulierung täuschen kann, hat der französische Forscher Massignon am Vater der islamisch-sufitischen Mystik Al-Halladsch Husain ibn Mansur gezeigt. Alle Fachleute haben dem zugestimmt. Der islamische Mystiker und Märtyrer der Gottesliebe († 922) rief aus: »Mein Ich ist die schöpferische Wahrheit« und wollte damit ein theistisches Bekenntnis poetisch formulieren: »Mein Liebeswollen ist so sehr eins mit Gottes Wollen geworden, daß darin kein Unterschied mehr besteht. Im Dichtesten bin ich daher Gott, nämlich in meinem freien Liebeswollen.«

Vielleicht ist es auch die Logik des Denkens und der Sprache, die eine Einheitserfahrung der Liebe pantheistisch ausdeutet. Denken heißt doch: zur Einheit führen

– das eine Wort »Baum« gilt für alle verschiedenen individuellen Bäume, und das eine Wort »Lebewesen« gilt für alle verschiedenen Lebewesen, ob Mensch, Tier oder Pflanze. Und so will man das letzte Einende, das die Liebe ist, durch eine letzte Einheitsprädikation ausdrücken, die dann pantheistisch klingt. Die große Philosophie denkt in Richtung Einheit; und man darf sich fragen, ob nicht manche pantheistisch oder ähnlich klingende Mystik in Wirklichkeit eine Folge des Denkens, aber nicht eine Wiedergabe der Erfahrung ist. Dann aber geschieht es, daß vom Denken wieder auf die Erfahrung rückgewirkt wird, so daß am Ende nun tatsächlich ein Pantheismus steht. Es scheint, daß man sogar empirisch überprüfen kann: Je näher ein »mystisches Reden« der Erfahrung steht, desto deutlicher wird die Begegnung hervorgehoben; je mehr es aber denkerisch durchdrungen ist, desto näher kommt es dem Pantheismus. Im Christlichen liegt hier der Unterschied zwischen so verwandten Mystikern wie Teresa von Avila und ihrem denkerisch gebildeten Freund Johannes vom Kreuz; zwischen dem Seelsorger Johannes Tauler und dem Professor (das ist mit »Meister« ausgesagt) Eckhart.

P. August Brunner hat noch ein drittes Element namhaft gemacht, warum manche Mystik zum Pantheismus neigt: Körperübungen und Leiberfahrungen senken den Meditierenden in den Grund der materiellen Welt. Die Materie aber ist eine Welt-Einheit und teilt deshalb auch einer auf ihr beruhenden »mystischen« Erfahrung den »Geschmack«, die »Atmosphäre« von völliger Einheit mit.

Doch Menschen mit wahrer Liebeserfahrung wissen, daß es keine höhere Einheit gibt als die der Begegnung. Von diesem Gipfelpunkt der meditativen Erfahrung kann der Blick zurückfallen auf den Stufenbau des Meditierens: Im logischen Paradox der »Einheitserfahrung«, die konstitutiv ist für das »Gegenüberstehen in der Begegnung«, hat die Wahrheit der Liebe sich ausgedrückt. Spuren davon finden sich mehr oder weniger deutlich auf allen Stufen des Meditierens. Schon die Leiberfahrung ist kein Verschmelzen, sondern deutet darauf hin, daß der Meditierende sich erheben kann über die All-Einheit des Materiellen hinaus; auf den folgenden Stufen wird es immer klarer – bis es in der meditativen Liebeserfahrung hell aufleuchtet: Ihre Einheit ruht auf der Beziehung von zwei Personen, die in sich stehen und gerade deshalb sich einander schenken können.

DIE AUF GOTT HIN OFFENE GANZHEIT

Meditation gehört nicht nur in den religiösen Bereich. Es ist wichtig, die Eigenständigkeit ihrer Stufen zu erkennen. In Medizin und Psychologie spielt das Meditieren eine wichtige Rolle. Umgang mit Musik, mit Dichtung – natürlich besonders das Geschenk der Begegnung – hat schon vielen psychisch Kranken Gesundung gebracht.

Die Menschen haben immer schon meditiert – früher in vortechnischen Zeiten mehr als in unseren Tagen. Heute ist die Meditation aber gerade deshalb so notwendig, weil uns das natürliche Meditieren abhanden gekommen ist. Wir müssen uns bewußt das aneignen, was früheren Generationen geschenkt war.

Früheren Generationen war auch die Offenheit des Meditativen zum Göttlichen selbstverständlicher. »Die Götter« waren ihnen näher, wie Hölderlin dichtet. Gewiß wurden diese »Götter« oftmals auch zu »Götzen« und verstellten den Weg zum wahren Gott – doch das soll hier nicht bedacht werden. Zu bedenken ist aber, daß diese Offenheit zu Gott hin im Meditativen selbst liegt. Der Stufenbau, den wir abgeschritten haben, hat sich naturgegeben entwickelt. Er ruft geradezu nach einem letzten Schritt, in dem die Liebesbegegnung sich zum Endgültigen entscheiden darf, das ihr »nicht mehr genommen werden kann«, wie Jesus seine Beziehung zu Maria von Bethanien aufschlüsselt (vgl. Lk 10, 42).

Im Du der menschlichen Beziehung bietet sich etwas Absolutes, nicht Hinterfragbares, nicht Aufzulösendes an; etwas, das vom tatsächlichen menschlichen Du nicht restlos einzulösen ist. Martin Buber schreibt daher an der zitierten Stelle, daß jede Liebesbeziehung zwischen Menschen aus einer verborgenen Gottesbeziehung lebt, in der der Ewigkeitsanspruch der Liebe an Untreue oder Tod nicht mehr zerschellen kann und durch die auch die Liebe zweier Menschen ihre absolute Treue erhält.

Gewiß, dieser letzte Schritt ist Geschenk, das, was wir in der Begegnung mit Gott Gnade nennen – obgleich auch hier die Bereitung des Weges zum Letzten, die Methode, eingeborgen bleibt in ein Offenstehen. Aber dieser Geschenkcharakter des letzten Schrittes stellt die Vollendung all der Schritte dar, die ihm vorausgingen. Was vorher immer schon geahnt und vermutet wurde, geschieht nun: Der Höhepunkt der Meditation ist das Geschenk, das Gott selbst gibt, das Gott selbst ist.

Von diesem theologischen, aber auch humanen »Übersteigen« der Gipfelerfahrung darf man zurückblicken auf den Weg des Meditierens. Alles Aufgezeigte ist aufgehoben in dieser letzten Erfahrung: Wir dürfen die ganze Breite des Meditierens mit hineinnehmen in die Begegnung mit Gott. Johannes Tauler spricht in seiner Dreifaltigkeitspredigt davon: »Und aus der Kraft der übernatürlichen Hilfe wird der verklärte, geläuterte Geist aus sich selbst gehoben in ein losgelöstes, geläutertes, unsagbares Gott-im-Sinne-Haben ... Wie sehr auch diese Kehr über allem anderen ist, so haben doch alle ihr gedient und sie gefördert: jegliches gute Wollen, Meinen und Begehren, Wort und Tat und jegliches Leid und alles Schwere.«

Strukturen einer lebendigen Meditation

Den Schritt vom Beschreiben und vom intellektuellen Kennenlernen einer Erfahrung in diese Erfahrung muß ein jeder selbst tun. Noch so detaillierte Beschreibungen können keine Übung ersetzen. Ein »Helfer« mag beim Fundament der Leiblichkeit den Namen »Meister« verdienen, verliert ihn aber aufsteigend zur Meditation des Wortes und der Liebe immer mehr und wird zum »Begleiter«; dann kann er zwar hinweisen, nicht aber einen Ersatz für die eigenen Schritte bieten. Meditationsanleitungen, die zu sehr ins einzelne gehen, laufen Gefahr, dem Meditierenden eine gewisse Könnerschaft vorzuspiegeln, die nicht existiert. Und dann geschieht das, worüber so viele sich beklagen: Man übt in den angesetzten »Übungsstunden«, hört aber im Alltag wieder schnell mit dem »Meditieren« auf.

Die richtige Methode ist eine andere: selbst den Weg finden, der einem auf den Leib geschrieben ist, selbst die eigene Meditationsweise zu erspüren. Selbstgefundenes bleibt haften, Angelerntes vergeht. Daher sollen im folgenden keine Meditationsrezepte geboten, sondern – wie bisher – Richtungen gewiesen, Grenzen gesetzt, Felder beschrieben werden, die zum Finden und Erarbeiten des eigenen Meditierens hilfreich sein können.

FORM UND FREIHEIT

Meditieren braucht Zeit. Von Heiligen wie der Ursuline Maria von der Menschwerdung wird berichtet, daß sie in all den Umtrieben des Tages betend mit Gott verbunden blieben; auch vom russischen Pilger schreiben die »Aufrichtigen Erzählungen« etwas Ähnliches. Aber das sind Gnadengeschenke. Die großen geistlichen Lehrer im

Christentum warnen davor, diese Weise eines ständigen »Bewußthabens« von Gott willentlich-übungsmäßig zu erstreben. Es könnte auch psychologisch schlimme Folgen haben.

Es gibt allerdings eine Art von innerer Stimmung, die den ganzen Tag durchzieht, die Ruhe und Gelassenheit bringt und eine Atmosphäre von Geborgenheit ausstrahlt. Das mag die Wirkung eines kontinuierlichen Meditierens sein, darf aber auf keinen Fall als »Besitz« betrachtet werden und ist von sich aus nicht schon die Hingabe an Gott, die den Gipfel des christlichen Meditierens darstellt. Die existentielle Hingabe an Gott wurzelt tiefer. Meister Eckhart führt dies in seiner berühmten zweiten Predigt über die Geschwister von Bethanien aus: »Nun aber sagen unsere biederen Leute, man müsse so vollkommen werden, daß uns keine Freude mehr bewegen könne und daß man unberührbar sei durch Freude und Leid. Sie haben unrecht. Ich behaupte nämlich, daß es noch nie einen so großen Heiligen gegeben hat, der nicht dennoch durch Freude und Leid bewegt wurde... Selbst Christus war das nicht zu eigen... Ein Heiliger kann zwar dahinkommen, daß ihn nichts mehr von Gott abzubringen vermag. Das Herz kann so gepeinigt werden, als ob der Mensch nicht in Gottes Gnaden stände, und dennoch verharrt der Wille in einfacher Geradheit bei Gott und spricht: Herr, ich dir und du mir! Was ihm auch dabei zustößt, das hindert die Seligkeit der Ewigkeit keineswegs; denn es betrifft ja nicht den obersten Wipfel, dort nämlich, wo er mit Gottes allergütigstem Willen vereint ist.«

Die Meditation spielt sich, wie wir sahen, noch unter diesem »obersten Wipfel«, unter dem »Mehr« im Sinne der Sprachlogik und unter der »Negativität« der Erfahrung ab; sie bereitet den Aufstieg dorthin, führt Wege zu seiner Höhe, ist aber in ihrer Formalität nicht schon selbst die »Gottverbundenheit« – sie kann es, wie wir sahen, aus der existentiellen Einheit mit der Übergabe an Gott allerdings sein. Meditation bleibt also »Weg« und braucht daher geordnete Vollzüge, kann und muß geübt und gepflegt werden. Der existentielle Vollzug des menschlichen Ja zu Gott ist zwar »mehr« als jede meditative Übung, doch das Üben ist das, was wir Menschen aus eigener Verantwortung beitragen sollen, um diesem existentiellen Ja den Erfahrungsuntergrund zu verschaffen.

Üben aber heißt Ordnung, heißt Kontinuität, heißt Planen, Vorausüberlegen. Ignatius gibt in seinen Exerzitien (»Zusätze« zur »Ersten Woche«) dazu den Rat: Nimm dir eine klar umschriebene Zeit, lege sie dir schon am Abend vorher fest, ändere sie keinesfalls, wenn es dir einmal schwerfällt, sondern höchstens dann, wenn du in innerer Freude meditiert hast.

Man muß sich also fragen: Wieviel Zeit brauche ich für eine existentielle »Meditation«, die mir – normalerweise – ein inneres »Angerührtsein« schenkt? Das wird von Mensch zu Mensch verschieden sein. Eine Zeitspanne von 20 Minuten mag als Durchschnittsnorm gelten.

Man sollte sich weiter fragen: Wie ordnet sich ein Meditationsvollzug in meinem Lebensrhythmus ein? Es ist verständlich, daß jemand, der im Alltag kaum Zeiträume dafür freimachen kann, an dem einen Tag der Woche, am Sonntag vielleicht, wo ihm dies möglich ist, dafür längere Zeit in Anspruch nehmen sollte. Es gibt sicherlich auch nicht wenige Menschen, denen sich ein solcher Raum des Meditierens von selbst anbietet: Wer z. B. auf seinem Weg zum Arbeitsplatz durch einen Wald geht, kann dies als seinen meditativen Raum erwählen. Wichtig ist für den, der die Dringlichkeit des Meditierens erspürt, nur: *daß* er sich eine Ordnung gibt, eine Ordnung, die sich aus dem Anliegen des Meditierens und dem eigenen Lebensrhythmus ergibt.

Was aber einer innerhalb dieser Ordnung vollzieht, ist

von Mensch zu Mensch verschieden. Hier muß ein jeder in verantworteter Freiheit den eigenen Weg finden; im Stufenbau des Meditierens wurden viele Möglichkeiten aufgezeigt. Pointiert gesagt gilt: Es gibt so viele meditative Möglichkeiten und Verschiedenheiten, wie es Menschen gibt: Stille, ein Bild, Musik, der Spaziergang, sicherlich auch ein Gespräch, eine Begegnung usw. Eine Hochform und für die christliche Meditation *die* Hochform ist einfachhin das Gebet.

Manch einer wird bei rechtem Nachsinnen sagen: Im Grunde meditiere ich doch jeden Tag bei dieser oder jener Gelegenheit. Doch dann ist es wichtig, daß er sich dessen bewußt ist und weiß: Hier ist der Raum des Meditierens, der dein Leben von der Oberfläche der Geschäftigkeit in die Tiefe des menschenwürdigen Daseins führt; ihn darfst du nicht verlieren, ihn mußt du pflegen.

Und ein anderer mag voll Erschrecken feststellen, daß sogar die Zeit seines (Brevier-)Betens unmeditativ, veräußerlicht dahinfließt. Und dann wäre es höchste Zeit, sich über den Sinn des »Betens« klar zu werden. Teresa von Avila mahnt, daß nur ein »inneres« Beten, d. h. ein meditativ-vollzogenes, sinnvoll ist.

Als Grundeinsicht dieser Überlegungen ist festzuhalten: Klarheit, Ordnung, ja auch Disziplin in der äußeren Umgrenzung: wann, wo, wie oft, wie lange usw.; aber Freiheit in der Art und Weise, wie es nun zu geschehen hat. Hier wird die Erfahrung den Weg weisen. Und es ist gut, sich von ihr leiten zu lassen. Ignatius von Loyola weiß aus christlicher Überzeugung, daß der Geist Gottes den Menschen, der in Freiheit sich ihm öffnet, leiten wird.

VON AUSSEN NACH INNEN

Oft macht man beim Meditieren den Fehler, zu schnell, möglichst unmittelbar die Innerlichkeit, wo »Erfahrung«

geschieht, berühren zu wollen. Wer sozusagen »leicht« meditiert, darf für eine solche »Unmittelbarkeit« dankbar sein. Aber grundsätzlich gilt: Lasse dir Zeit auf dem Weg von außen nach innen. Es ist für das Meditieren gefährlich, zu rasch in die Mitte eindringen zu wollen.

Mit anderen Worten: Man soll sich die Muße nehmen, langsam vom Alltag in die Besinnung einzutreten. Zuerst sollte man also z.B. das Zimmer aufräumen, den Leib durch ein sich streckendes Atmen am offenen Fenster bereiten, vorsichtig-langsam das Buch mit den Bildern öffnen und so ähnlich.

Auch hierzu gibt wiederum Ignatius von Loyola an der erwähnten Stelle kluge Hinweise, die man zwar aus dem damaligen Weltgefühl in die heutige Zeit übersetzen muß, die aber genau dies beinhalten: Nimm dir Zeit, vom »Außen« der Alltagszerstreutheit in die »innere« Ruhe einzutreten. Er meint, zuerst solle man in einem gewissen, auch räumlichen Abstandnehmen zur eigentlichen Meditation sich klarmachen, worum es überhaupt geht, und dann erst Schritt für Schritt sich einlassen auf das meditative Geschehen.

Damit ist ein Grundprinzip aller entsprechenden Übungen angesprochen: »von außen nach innen«. Das gilt für die Meditation eines Bildes: Man soll nicht sofort nach einer »Wesens«-Aussage suchen, eine »Botschaft« entziffern wollen, sondern sich von den »äußeren« Elementen – Farbe, Aufbau, dargestelltes Geschehen – zur Mitte tragen lassen. Das gilt für die Erfahrung der Stille: Man soll sie nicht gleichsam mit zusammengepreßten Lippen erzwingen, sondern sie von der Umgebung her, über die Leibhaltung (z.B. den Za-Zen-Sitz) in sich eindringen lassen. Das gilt für die Minuten der Anbetung in einer stillen Kirche: Man soll langsam hineingehen, bewußt Weihwasser nehmen, vielleicht – ähnlich wie beim monastischen Chorgebet – im Vorraum eine »Statio«, also eine »Besinnung auf das, was geschehen soll«, abhalten.

Sicherlich, wem es geschenkt ist, der kann sich gleichsam unmittelbar in die Meditation vertiefen. Doch die meisten brauchen dieses langsame Sich-hinein-Begeben. Es gibt keine Stufe des Meditierens, auf der dieses behutsame »von außen nach innen« nicht gilt. Und ein jeder wird erfahren, daß mit dieser Behutsamkeit das Meditieren reich und gefüllt wird. Man wird sogar erfahren, daß die Unterscheidung von »Vorbereitung« und »eigentlichem Meditieren« hinfällig ist. Denn die volle Zeit der vermeintlichen Vorbereitung ist schon »Meditation«; hier wird der Reichtum angesammelt, der die innere Erfahrung so kostbar macht.

Und das gilt ohne Zweifel auch für ein christliches Gebet: Der Weg von der »Vorbereitung« über die »meditative Einstimmung« bis hin zum »eigentlichen« Gebet ist kein Anmarschweg, sondern ist von Beginn an schon »eigentliches« Beten. In traditioneller Sprache gesagt: Mit der »Intention«, dem »Willen« zum Beten, beginnt das Beten. In griffiger Übertreibung formuliert: Wenn ich mich 29 Minuten lang um die rechte Bereitung des Betens – bei all dem Zerflattern meiner Gedanken, den Zerstreuungen – bemüht habe und dann am Schluß Gott nichts als mein »Amen« darbringe – »ich wollte doch beten!« –, dann habe ich eine halbe Stunde lang gut gebetet. Allerdings sollte ich mich dann besinnen, ob ich nicht dabei das Grundgesetz des Meditierens vernachlässigt habe: von außen nach innen zu gehen, den Leib zu bereiten, damit meine Innerlichkeit in Ruhe sich öffnen kann; ob ich nicht zu schnell den Gipfeln des Betens ersteigen wollte.

LEISTUNG UND GNADE

Bereitung ist menschliches Tun, gelungenes Gebet ist Gnade – so lautet eine selbstverständliche christliche

Einsicht. Sie hat ihre Entsprechung schon im vorchristlichen, humanen Meditieren. Mönchsgeschichten – auch aus außerchristlichen Religionen – berichten von langwierigem Mühen um die Erfahrung, die dann plötzlich »geschenkt« wird. Ja, dieses nicht machbare Aufleuchten einer Erfahrung, das unerwartete »Ja-so-ist-es!« gilt geradezu als Kriterium für eine echte Erfahrung. für das buddhistische Samadhi, für das japanische Satori-Erlebnis.

Zwei Fragebereiche liegen in solchen Berichten verborgen. Zuerst einmal das Verhältnis von bewußter, gewollter Leistung und einem Geschenk. Schon im Selbstwerdungsprozeß des Menschen gibt es Erlebnisgeschichten, in denen Mühe und »Gnade« eins zu werden scheinen. Ist das Werk des Künstlers Ergebnis seiner Mühe oder Geschenk gnadenhafter Inspiration? Wenn es ein echtes Kunstwerk ist, trifft beides zu. Und dann kann man auch nicht mehr trennen: zuerst Inspiration und dann die Mühe des Gestaltens oder umgekehrt. Je höher der Rang eines Kunstwerkes ist, desto enger durchdringt sich beides.

Entsprechendes ist aus dem Raum der Psychologie zu berichten. In vielen Therapien spielt das Spontane, Unerwartete eine wichtige Rolle. Aber der Psychologe weiß, daß sich darin nur vor-bewußte Prozesse kristallisieren, daß sich darin Unterbewußtes äußert, dessen Gesetzlichkeit gerade an diesen »unerwarteten« Äußerungen durchschaut werden kann.

Mit dem Schritt auf eine werterfülltere Ebene wird die Unterscheidung von Leistung und Geschenk ganz und gar hinfällig: Ist Liebe ein Tun der beiden Partner oder ein Geschenk, das jeder von ihnen nur annehmen, nicht aber »bewirken« kann? Im Idealfall werden Tun und Geschenk, werden Geben und Erhalten identisch. Vor Gott aber ist alles menschliche Tun ein Geschenk, »Gnade« – meine Leistung ebenso wie das Geschenk.

Auf allen Stufen der meditativen Erfahrung kann man aber nun das Geschenk auch erleben. Das eigene »Tun« in einer Leibmeditation wird – ohne daß das Tun aufhört – zum Geschenk einer körperlichen Freiheitserfahrung. Während Stillemeditationen habe ich öfters »experimentiert«: Zuerst liegt die Stille vielleicht in einer Anstrengung; man muß die rechte, in sich gesammelte Körperhaltung einnehmen, man versucht seinen Atem zu beruhigen usw. Doch irgendwann wird diese gleiche Stille zum Geschenk, zum Erlebnis von Freiheit und Gelöstsein.

Bedenklich wird es nur, wenn man solch eine »Geschenk«- oder »Gnaden«-Erfahrung allzuschnell der eigenen »Leistung« entgegen- und mit dem gleichsetzt, was der christliche Glaube als »Gnade Gottes« ansieht. Sicherlich gibt es »Verbindungen« und Entsprechungen zwischen dem, was man »naturale« Gnade, und dem, was man Gottes Gnade nennen kann; Verbindungen, ja, aber keine Identität. Hier liegt der zweite Fragebereich.

Ähnlich wie die Erfahrung des Geschenkes einer Liebe nicht mit der Liebe selbst identisch sein muß – Liebe kann und muß auch bestehen, wenn die frohmachende Erfahrung des Geschenktseins verblaßt und austrocknet –, genauso und noch mehr gilt dies für die Gnade Gottes. Sie scheint oftmals auf in der Erfahrung eines unerwarteten, plötzlichen Geschenkes, das einen regelrecht »überfällt« (die Theologie spricht von der Gnade als »accidens«, das heißt: zu-fallend!). Aber Gnade Gottes ist es auch, wenn der Mensch, ohne von »Erfahrung« getragen zu sein, treu und mutig den ihm von Gott gewiesenen Weg weitergeht, wenn er in Schmerz und Enttäuschung nicht aufgibt, sondern weiterhofft und auf Gott vertraut.

Mit dieser zweifachen Differenzierung (Leistung und Gnade, die sich durchdringen können; Geschenkerfahrung und Gottes Gnade) muß der meditative Vollzug an-

geschaut werden. Dabei zeigt sich, daß man nicht gegeneinander aufrechnen darf: soviel Leistung und soviel Geschenk. Was schon im Bereich von menschlichen Wer-
ten sichtbar wird, gilt vor Gott in absoluter Weise; vor
ihm müßte man »auf«-rechnen: 100% menschliche Leistung und 100% göttliche Gnade ergeben zusammen
100%, machen das Ganze der Begegnung des Menschen
mit Gott aus. Durch diese Einsicht wird unser menschliches Mühen um Meditation von der Sorge befreit, die
manchen aus der Reformation herkommenden Christen
quält: Darf ich mich überhaupt meditativ bereiten für
das Gebet vor Gott? Ist das Gebet nicht doch restlos
Gnade und Geschenk, so daß alles menschliche Bemühen um Vorbereitung, also alle meditative Hinführung
zum Beten ein Eingriff in Gottes Freiheit bedeutet und
Gottes freies Gnadengeschenk desavouiert? Eine solche
Fragestellung geht von der falschen Voraussetzung aus,
als könne man Gottes Gnade gegen menschliche Leistung aufrechnen. In Wirklichkeit müßte man eher eine
umgekehrte »Rechnung« aufstellen: Je mehr sich ein
Mensch – in der ihm gemäßen geschöpflichen Demut –
um die Begegnung mit Gott bemüht, desto reiner und
freier zeigt sich in seinen Mühen das Gnadengeschenk
Gottes. Gott begegnet dem Menschen nicht jenseits seines menschlichen Tuns, sondern mitten darin. Aber
selbst solche – in sich korrekte – Überlegungen scheitern
noch einmal an der Jenseitigkeit Gottes; und immer wieder darf der Mensch erspüren: »Alles ist Gnade«, und damit all sein Denken überschreiten. Und nur so darf und
soll der Mensch sich in der Meditation der Gnade Gottes
öffnen.
Noch ein Zweites ergibt sich aus unseren Überlegungen:
Das plötzliche Aufleuchten einer Erfahrung, die auf
einen völlig unvorbereiteten Menschen zu treffen
scheint, kann durchaus eine Qualität der göttlichen
Gnade sein. Aber es kann ebenso auch die Durchbruchs-

erfahrung des menschlichen Unterbewußtseins bedeuten, in der eine verborgene, vielleicht lange Entwicklung plötzlich ins Bewußtsein eintritt und dort neue Sichten öffnet; oder eine unbewußt vorhandene Problematik findet plötzlich im hell-wachen Bewußtsein ihre Lösung.

So richtig und gut es ist, im Meditieren sich Gott zu nähern, die Schale der eigenen menschlichen Empfindungen Gott entgegenzuhalten und gleichsam die Begegnungen und Erlebnisse des Tages durchsichtig zu machen für Gott, so falsch und in die Irre führend wäre es, nun das »Besondere«, das »große Erlebnis« einer hell leuchtenden Gotteserfahrung zu erstreben, vorzubereiten und zu »erzwingen«. In mystischen Schriften liest man zwar gelegentlich von »deum cogere«, »Gott zwingen«; wenn aber damit ein Herbeizwingen der Gotteserfahrung gemeint ist, wie man es in modernen abendländischen Zen-Schriften (auch katholischer Provenienz) beschrieben findet, dann bewegt sich dieses Streben schon in die Richtung der Ursünde des »Sein-Wollen wie Gott«. Denn gerade eine solche erstrebte Erfahrung kann ein nur-psychisches »Durchbruchserlebnis« bedeuten. Es hat von sich aus nichts mit Gott zu tun und wäre, wenn es mit der Gotteserfahrung gleichgestellt würde, eher eine gelebte Gotteslästerung. Die christliche Tradition spricht in diesem Fall von »dämonischer Erfahrung«. Es wäre eine geschlossene Meditation, die sich als letzt-gültig ausgibt; etwas dem Menschen Zugängliches würde Gott in seiner Transzendenz und Freiheit gleichgesetzt, ein Götze würde errichtet.

Doch diese Gefahr darf nicht daran hindern, daß der Mensch sich in einer tiefen, offenen Meditation für Gottes Gnade »bereitet«. Denn hier gilt das paulinische Wort, das Augustinus immer wieder bedachte: »Gott selbst ist es, der in (uns) das Wollen und das Vollbringen bewirkt, noch über (unseren) guten Willen hinaus.« »Was hast du, das du nicht empfangen hast!« (1 Kor 4, 7).

Zu den Elementen, die alle Ebenen des Meditierens prägen, gehören besonders das Schweigen, die körperliche Ruhe wie das innere, hörende Stillwerden. Diese Grundbedingungen bekommt je nach der Stufe des Meditierens ein neues Gesicht – darin zeigt sich Einheit in der bunten Verschiedenheit des Meditierens. Die körperliche Ruhe und Entspannung, die auch in einer Tanz- und Bewegungsmeditation notwendig ist, wird in der Wortmeditation zur Fähigkeit des Hinhörens. Die Körpererfahrung im Hatha-Yoga, die auf Spannung und Entspannung aufbaut, wird auf der Stufe der Selbsterfahrung zum Atemrhythmus, der gerade im »Loslassen«, also in einem sich vollziehenden (und nicht gepreßten) Ausatmen zu einer tiefen Selbsterfahrung führen kann.

Den Reichtum einer Stille-Erfahrung kann sich ein Mitteleuropäer wohl am besten in der Begegnung mit der Natur vor Augen führen. Er darf dort erleben, was man als »erfüllte Stille« bezeichnen möchte: einen Wald, in dessen Stille das Zwitschern der Vögel, das Rauschen der Zweige, das Rascheln der Blätter, Wachstum und Leben hörbar werden; oder eine Blume, deren langsames Wachstum unhörbar, aber doch voll Leben ist. Stille ist nicht tot, nicht leer, nicht dunkel, sondern voller Blühen und Fruchtbringen.

Mit diesem Paradigma der »guten« Stille (es gibt auch eine »böse« Stille voll Verzweiflung oder Todessucht) sollte man die Erfahrung leibhafter Ruhe und Stille deuten. Gerade östliche Meditationsmethoden helfen dem Menschen, eine solche Ruhe zu erfahren. Gewiß, wer sich intensiv auf solche Übungen einläßt, wird auch die Unruhe, die in seiner eigenen Tiefe liegt, erleben; wenn wir in die eigene Stille hineinhorchen, werden wir bald das Geräusch von Unruhe und Angst hören. Aber der Leitfaden, der in die Ruhe-Stille-Erfahrung der eigenen

Körperlichkeit hineinführt, muß von der »guten« Stille, der mit Leben, Blühen und Wachstum »erfüllten« Stille geprägt sein.

Die »gute« Stille führt auch zu der Meditationserfahrung des Wortes und noch mehr zu der der Liebe. Im Grunde braucht es hier keine anderen Anweisungen, als offen zu sein für den entsprechenden Vollzug. Still sind die Kinder, die einem Märchen zuhören; es ist eine Stille, die gerichtet ist mit offenen Ohren und offenem Herzen. Sich so »still« einem Wort, einem Text, einem Gedicht widmen, kann zu einer eindrücklichen Erfahrung werden.

Diese »Stille« hat viel mit der biblischen »Armut im Geiste« – man kann modern sagen: »Herzensarmut« – zu tun. Es ist ein Hinhören, das keine Vorurteile und keine verborgenen Absichten mitbringt, sondern einfachhin den eigenen Verstehens-, Herzensraum öffnet für das andere. Der japanische Zen-Philosoph Shizuteru Ueda hat die Zenmeditation in diese Richtung hinein ausgedeutet: leer werden, um hören zu können. Der Jesuitenpater L. Zodrow, der lange in der Ausbildung seiner Mitbrüder arbeitete, hat die ignatianische »Indifferenz« in gleicher Weise ausgedeutet: Indifferent sein bedeute, sich frei machen von den eigenen Absichten und Vorstellungen, damit man ganz bereit ist für das, was Gott von einem will.

Leicht zu sehen ist nun wiederum, wie diese »Stille«-Erfahrung und »Stille«-Meditation gipfeln in der Erfahrung von »Liebe«. Gibt es ein »stilleres« Geschehen als die Begegnung der Liebe?

Leicht zu sehen ist auch, daß eine unter sogenannten »Meditationsfachleuten« oft zu findende Wortfeindlichkeit nichts begriffen und »erfahren« hat vom wahren Reichtum der Stille. Stille ist zwar Feind der Geschwätzigkeit, aber nicht des wahren Wortes. Es gibt eine Stille, die unendlich »geschwätzig« ist, und es gibt ebenso ein Reden voller Stille. Die äußere Geräuschlosigkeit kann zur Hilfe werden für die innere Stille. Letztere aber ist mehr, ist qualitativ unterschieden von dem bloßen »Nicht-Reden« und »Nicht-laut-Sein«; und um die »innere«, die erfüllte Stille geht es.

Stille empfängt ihre letzte Sinngebung von dorther, wo zwei, ein Ich und ein Du, sich gegenüberstehen, sich anschauen und erfahren dürfen: »Du bist für mich da, wie ich für dich da sein möchte; du machst dich von deinem Getriebensein frei, damit ich in diese deine Stille eintreten kann und auch mich freimachen darf von meiner inneren und äußeren Unruhe.« Stille vollendet sich in liebender Zweisamkeit.

RHYTHMUS

Rhythmus wird am sichtbarsten in der Leiberfahrung des Menschen. Man könnte ihn als lebendige Ordnung leibhafter Existenz definieren. Seine Gesetzlichkeiten findet man auch auf allen Stufen des meditativen Vollzugs wieder.

Negative Auswirkungen des Rhythmus lassen sich bei vielen massenpsychologischen Phänomenen aufzeigen: Der Einzelmensch verliert seine freie Entscheidung und läßt sich durch Rhythmus (musikalisch, über Bewegung oder nur durch eine bestimmte formative Gliederung) zum auswechselbaren Massenobjekt degradieren. Aber wenn der jüdische Beter oder der sufitische Derwisch im Rhythmus der Körperbewegung seine Andacht verrichtet, dann benutzt auch er damit eine entsprechende Grundbegabung der Körperlichkeit; und dieses meditierende Beten hilft ihm zum Personwerden. Es hilft bei jedem persönlichen und gemeinsamen Meditieren und Beten überaus, auf solche Leibgesetzlichkeiten zu achten. Die Wissenschaft hat sich seit langem mit der Ordnung des »Biorhythmus« beschäftigt. Heute weiß man, daß

Tag, Woche, Monat, Jahreszeit, Jahr nicht nur zufällige Einteilungen von Zeit sind, sondern inneren Strukturen des Menschen und der Natur entsprechen. An einem zeitlich kurzen Rhythmus, am Atemgebet, kann man es auch meditativ aufzeigen. Das Mantragebet des Ostens oder das Jesusgebet der orthodoxen Christenheit sind von dieser Art und werden in den Atemrhythmus hineingesprochen. Der Rosenkranz, aber auch das rhythmische Beten und Singen während einer Wallfahrt beruhen auf solchen körperlichen Gesetzlichkeiten. Und die Erfahrung wird geschenkt, daß der Mensch dabei zu sich selbst findet.

Der Rhythmus drückt aus, daß der Mensch in die »natürliche« Zeit des Kosmos eingebunden ist. Und das Übersehen dieses Hineingebundenseins zeitigt schlimme Folgen. Der Mensch wird naturfremd und auch sich selbst fremd.

Das monastische Chorgebet nach dem Psalmvers des »Siebenmal-am-Tag-Betens«, die Architektur von alten Kirchen mit ihrer klaren Gliederung, die Feiertagsordnung des Jahres und vieles andere beruhen auf dem Rhythmus einer Naturordnung und gewähren damit Schutz vor einer »Entfremdung« (ein heute »marxistisch« gebrauchtes Wort, das aber aus der biblischen Schulderfahrung stammt). Alles das gründet in Zeiteinheiten, die nicht willkürlich erfunden, sondern von natürlichen Gesetzen abgelesen sind.

So kann man auch von einem Rhythmus der Lebensalter sprechen. Ein klassisches Beispiel dafür ist die sogenannte »midlife crisis«, also die Schwierigkeiten der Lebenssituation, die während der Jahre zwischen 40 und 50 auftauchen. Voller Erstaunen hat man entdeckt, daß schon der Seelsorger der »Deutschen Mystik«, Johannes Tauler, davon spricht; aber übersehen hat man dabei, daß das Wissen um die Krise nach dem 40. Lebensjahr traditionelle Weisheit beinhaltet. Auch klassische Bibelkommentare vor Tauler deuten den Zeitabschnitt von Christi Himmelfahrt bis zu Pfingsten, also vom 40. bis zum 50. Tag nach Ostern, auf die 40 und 50 Jahre der menschlichen Lebenszeit; während dieser zehn Jahre bereitet sich der Mensch auf einen »neuen« Abschnitt, auf eine »neue« Begegnung mit Gott vor: »hinter verschlossenen Türen« (so die Apostel vor Pfingsten) – der Herr ist nicht mehr da; der Neubeginn des Lebens in seinen Geist steht bevor.

Für den kleineren Zeitraum einer Meditation aber bedeutet dies: Du sollst ihn einteilen, rhythmisch aufgliedern, in den Atemzügen durchpulsieren lassen, oder wie auch immer du dir diese Grundstruktur des Meditierens zunutze machen möchtest. Vieles kann hier aufgezeigt werden. Doch es kommt darauf an, in der eigenen Lebenssituation das Rechte zu finden, im eigenen Meditieren den Rhythmus der Lebensabläufe zu realisieren.

Leid und Hoffnung

Innerhalb der Meditationsliteratur findet man oft den Hinweis, daß nichts Negatives, Schmerzliches, Zerstörerisches meditiert werden darf: »Der tiefste Mißbrauch der Meditation (scheint) darin zu liegen, daß man negative Inhalte meditieren läßt, wodurch unter Umständen schwere Angstzustände provoziert werden können« (W. Huth, in: Stimmen der Zeit, 1985). Wo Meditation – berechtigterweise! – nur als medizinisch-psychologische Therapie verstanden wird, mag dieser Satz seine Gültigkeit haben. Dann steht ja als Ziel eine möglichst integrierte Ganzheitspersönlichkeit vor Augen. Dieses Ideal der »integralen« Persönlichkeit kann in verschiedener Tiefe angesetzt werden; in der Sprache C. G. Jungs gesagt: im Bereich der Ich-(Ego-)Werdung oder in der Tiefe der Selbstwerdung. Negatives ist dabei auszumerzen, Positives hingegen zu integrieren. Vielleicht darf aber angemerkt werden, daß C. G. Jung selbst den zitierten Satz in dieser Form wohl kaum unterschrieben hätte, obgleich in seinem Nachdenken über den »Schatten« viel darüber zu finden ist.

Natürlich kann man sich eine »negative« Meditation vorstellen, die zum Schaden des Meditierenden wird. Die Warnung hat ihre partielle Berechtigung auch im religiösen Bereich, und der zitierte Psychologe möchte mit dem Satz vor allem eine gefährliche Praxis mancher Psychogruppen anprangern, die den Menschen erniedrigt, statt ihm zu helfen.

Wenn man aber Meditation nicht unter dem Vorzeichen »Selbstwerdung«, sondern unter dem einer »Verinnerlichung von Wirklichkeit und Wahrheit« versteht, dann zeigt sich die Relativität des zitierten Satzes. In der großen christlichen Mystik gab es viel »negatives« Meditieren. Es gab eine Kreuzesmystik, es gab Leidnachfolge; kaum einer der klassischen christlichen Mystiker ging nicht während geraumer Zeit den harten Weg der Aszese und Buße – und das war sicherlich Meditieren im Vollsinn. Allerdings war diese »negative« Meditation zugleich getragen von Hoffnung; d. h. sie »öffnete« sich zur Transzendenz, zu dem, was nicht mehr von der Erfahrung ergriffen, aber von der Hoffnung ersehnt werden kann, zu dem »Mehr« Gottes.

Die klassische Herz-Jesu-Mystik von Gertrud der Großen bis zu Maria Margareta Alacoque und dann in der ganzen Kirche kann nur verstanden werden als »Meditation eines negativen Inhalts«, des Kreuzes, der Wunden, des Schmerzes Jesu, womit nicht nur irgendein vorbereitender Lebensabschnitt, sondern der Raum des ganzen Lebens erfüllt war. Ein vielgebrauchtes Bild, das schon Augustinus kannte, mag es zeigen: durch die offene Seitenwunde des Menschen Jesu ins Innere seiner Gottheit eintreten. Die offene, schmerzende Seitenwunde steht dabei für die Gegenwart, die Wirklichkeit, die ich jetzt – auch in meinem Meditieren – erlebe. Die Gottheit Jesu ist das Angeld der Hoffnung, das erst in der jenseitigen Zukunft erfüllend da sein wird.

Aber auch vor dem ausgesprochen »religiösen« Aspekt des Meditierens können »negative Inhalte« den Menschen zur Begegnung mit den Tatsachen, der Realität führen. Wieviel »Negatives« stellt moderne Kunst dar, um dem »Meditierenden« einen Zugang zur Wirklichkeit zu öffnen! Wer jede Leiderfahrung beiseite schiebt, weigert sich, »Mitleid« zu haben, sperrt sich dagegen, aus »Mitleiden« ins soziale Engagement hineinzugehen. Ein »negativer Inhalt« der Meditation wird zum »Leiden an den gegenwärtigen Verhältnissen« und soll zum tatkräftigen Einsatz für die Besserung der Verhältnisse führen. Eine solche Meditation von »negativen Inhalten« ist die emotionale Rückseite der sozialen Verantwortung und der karitativen Nächstenliebe. Sie gehört in ein verantwortetes menschliches Dasein.

Erst wenn das erkannt ist, dürfen die nächsten Überlegungen angestellt werden: Einmal, daß eine Meditation dieser Art nur dem (entsprechend) gesunden Menschen zugemutet werden darf. Und hier hat manche Kritik an verflossener christlicher Praxis recht. Sicherlich gab es »Leidmeditation«, die den Menschen zerstörte, statt ihn nach vorwärts ins menschliche Engagement und in die Hoffnung hinein zu befreien; sicherlich hat sich auch in sogenannten »mystischen« Bereichen unter dem Namen von »Leid-« und »Kreuzerfahrung« manche Perversion breitgemacht. In der Praxis muß sorgfältig abgewogen werden. Doch der Mißbrauch hebt die Berechtigung der Grundeinsicht nicht auf: Die »meditative Verinnerlichung« der »negativen« Realität unserer Gegenwart ist ein Stachel im Fleisch, der zum Kampf gegen diese »perverse« Gegenwart antreibt. Wer diesen Stachel herausziehen will, läuft Gefahr, den Menschen zu einem asozialen Wesen zu erniedrigen. Das bewußte und auch meditativ erfahrende Erspüren von Unrechtsverhältnissen unserer Zeit gehört zum integralen Menschsein.

Das andere ist etwas, das erst im Christentum seine volle Evidenz erhält: die Hoffnung nämlich, daß hinter dem Leid sich der endgültige Sieg über das Leid auftut. Es ist eine Hoffnung, das heißt mit anderen Worten: Dieses »Ziel« ist rational und auch emotional nicht voll zu greifen. Ich muß gleichsam aus meinem Denken und Fühlen herausspringen hin zu »mehr«, als ich denken und fühlen kann. In diesem »Mehr« liegt die Hoffnung begründet. Mit christlichen Worten gesagt: Die menschliche Gegenwart in dieser Zeit wird niemals so gefüllt und meditativ-positiv sein, daß die Karfreitagssituation sich völlig in Ostern umgewandelt hat. Immer wird in einer realitätsbewußten Meditation ein gutes Stück von »Karfreitag«, von Schmerz und Trauer enthalten sein. Doch gerade deshalb gibt es Hoffnung, die im »Mehr« der göttlichen Wirklichkeit ruht.

Man kann die gleiche Einsicht auch anders formulieren: Die Realität unserer vom Karfreitagsleid durchzogenen Gegenwart besitzt eine Tiefe, die den Karfreitag schon überwunden hat; es ist die Person Jesu Christi; doch er ist beim Vater. In der Meditation des Leidens Jesu begegnen wir ihm hier schon, obwohl er im ewigen Ostern des Vaters lebt. Und deshalb hat die »Meditation von negativen Inhalten« ihren guten Sinn.

Das mit religiös-personalen Worten Gesagte hat wiederum seine Entsprechung im allgemein humanen Bereich. Wir zeigten schon, daß die »Meditation von negativen Inhalten« soziale Verantwortung entbindet und stärkt. Aber erreicht nicht eine jede Begegnung zwischen Menschen erst dann ihre Tiefe, wenn Schmerz und Trauer hinzutreten? Es ist eine allgemeine Erfahrung, daß gemeinsam durchlittenes Leid enger aneinander bindet als jede gemeinsam erlebte Freude.

All das zeigt, daß die Warnung vor einer Meditation negativer Inhalte zwar im medizinisch-psychologischen Bereich wichtig sein mag. Der humane wie auch der religiöse Einsatz des Meditierens muß auch dies sehen. Aber Meditation muß tiefer verstanden werden: als Verinnerlichung von Wirklichkeit und Wahrheit. Die Warnung behält zwar ihr Recht, aber innerhalb des ganzheitlichen, vollmenschlichen Meditierens besitzt sie nur relative Bedeutung und keine absolute Gültigkeit.

Daß damit nun die »Freude« des Meditierens nicht abgeschwächt ist, sondern im Gegenteil ihre Erfüllung findet, kann man wiederum gerade bei den großen christlichen Mystikern sehen. Denn es ist nicht mehr primär die Freude am eigenen Ich oder Selbst, sondern die Freude über das Glück der Begegnung mit dem »Du« (Jesu Christi). Die Zeugnisse der Mystiker zeigen, daß diese Freude selbst dort erhalten bleibt, wo auf einer greifbaren emotionalen Ebene nur Schmerz und Dunkelheit zu herrschen scheinen. Und man erlebt Ähnliches auch bei Mitmenschen, die in einer tiefen Leiderfahrung zu reifen Menschen geworden sind.

Wer die ganze Wirklichkeit des Meditierens beschreiben und vollziehen will, muß sich dem Gesagten stellen. Vielleicht wirken deshalb manche Meditationsbemühungen so flach und farblos, sind viele »Meditations«-Bücher mit hübschen Kinder- und Tierbildern so banal; und vielleicht kann deshalb von nicht wenigen Meditationslehrern behauptet werden, daß sie das »Soziale« aus den Augen verlieren, weil der Blick auf die volle Wirklichkeit verlorengegangen ist und sich die Meditation nur partielle Begegnungen mit der Realität erlaubt. Zu ihr gehören nämlich auch Schmerz, Leid und Kreuz. Nur dann kann die wirkliche und wirklichkeitsnahe Freude am Meditieren aufblühen, wenn auch Leid und Schmerz »meditiert« und – dann allerdings – zur Hoffnung weitergeführt werden, wie so viele alte Lieder

mit ihrem barocken Überschwang von dem »süßen«
Kreuz Jesu singen:

> Heilig Kreuz, du Baum der Treue,
> Edler Baum, dem keiner gleicht,
> Keiner so an Laub und Blüte,
> Keiner so an Früchten reich:
> Süßes Holz, o süße Nägel,
> Welche süße Last an euch.

MEDITATIVE ASKESE

Die Sprüche und Weisheiten (Apophthegmata) der frühen Wüstenväter bilden ein eindrucksvolles Zeugnis für
die Anfänge der betenden und meditierenden christlichen Praxis. Doch die oft unmenschliche Askese dieser
Männer und Frauen kann Anstoß erwecken: wochenlan-
ges Fasten, das in einer Art Leistungswettbewerb miteinander verglichen wird, Wachbleiben über Tage und
Nächte hinweg, karge Nahrung bis zum freiwilligen Ge-
schmackswidrig-Machen der Speisen, Schweigen und äußere Entbehrungen jeglicher Art und vieles Ähnliche.
Doch überall, wo in den Religionen dieser Erde mönchi-
sches Leben gesucht wird, spielen solche asketischen
Übungen eine große Rolle. Man sollte nun aber nicht sofort nach seitwärts blicken und fragen: Warum Askese,
ist die Bejahung des Lebens nicht vordringlicher? Oder:
Ist es vielleicht ein göttlicher Auftrag, der hier gehört
wird? Man sollte zuerst die somatische (leibhafte) Wirklichkeit einer solchen Askese aufdecken.
Gewisse asketische Übungen bereiten nämlich – wie
eine gute Meditation – den Leib zur Sammlung. Fasten –
auch über zwei, drei Wochen – kann den Körper so befreien, daß der Geist kreativer und innerlicher wird. Die
Kargheit der Nahrung verfeinert die äußeren Ge-

schmackssinne und damit sicherlich auch dasjenige, was wir »geistlichen Sinn« genannt haben. Einsamkeit, Stille kann (nicht muß!) den Menschen zu einer inneren Aufmerksamkeit führen, die ihn hellhörig macht für vieles, das er sonst überhört; so lassen sich manche der Bußübungen, die uns heute übertrieben scheinen, als meditative Bereitung des Menschen verstehen. Aldous Huxley meint sogar, daß das »Geißeln bis aufs Blut« Adrenalin im Körper freisetze und den Menschen damit für Para-Mystik (Bewußtseinserweiterung, Schauungen usw.) öffne.

Durch dieses Wissen wird zuerst einmal manches, was auch heute wieder in Übung kommt, entmythologisiert. Es ist gut, mit Fasten, nächtlichem Wachen usw. in die Meditation hineinzugehen; aber nicht, weil darin von sich aus schon ein hoher spiritueller Wert liegt, sondern weil der Leib – ähnlich wie durch Entspannungsübungen – dadurch bereit wird für das meditative Geschehen und die Öffnung der Meditation auf Gott hin.

Damit ist diesem »asketischen Meditieren« auch schon der Maßstab mitgegeben: Es ist die Bereitung der eigenen Leiblichkeit, die weder das Medizinische noch das Psychologische beiseite stellen darf.

In der Lehre von der Spiritualität spricht man weiterhin von einer »mystischen Askese«. Damit sind Bußübungen von Mystikern gemeint, die sie bis zur Vereinigung mit Gott führten. Auch da gilt zuerst das eben Gesagte: Bußübungen können der Bereitung des Leibes für innere Erfahrungen dienen, ähnlich wie auch Sitzhaltungen, Atemübungen, tänzerische Bewegungen usw. Hier dürfte man – fast wie bei einem Sportler – sagen, daß ein solches hartes »Training« dem Menschen hilft, sich Gott zuzuwenden.

Dann aber ist sicherlich auch zu beachten, daß hinter vielen Bußübungen der Religiosität aller Völker eine Leibverachtung verborgen sein kann, die das Christentum grundsätzlich (keineswegs aber in all seinen Repräsentanten) überwunden hat. Wenn der Leib nur Absprungstelle der Seele zu Gott oder wenn er gar etwas Schlechtes ist, das man verachten und vernichten muß, dann kann die Askese der Bußübungen einfachhin Ausdruck dieser nicht-christlichen Lehre sein. An vielen (auch sonst großartigen) Gestalten des Christentums läßt sich ein solcher (neuplatonischer oder gar manichäischer) Einfluß feststellen. Eine solche »mystische Askese« kann auch auf seelischer Krankheit des »Asketen« beruhen – in der Praxis ist sicherlich diese Gefahr sehr zu beachten.

Eine letzte Stufe der »mystischen Askese«, die aber in ihren Aufgipfelungen eher zu bewundern als nachzuahmen ist, findet man bei nicht wenigen Heiligen der christlichen Vergangenheit: Sie hatten ihre Liebe so sehr mit dem leidenden Jesus verbunden, daß sie mit ihm leiden wollten, ohne weitere Gründe zu suchen und zu erfragen. Meister Eckhart erzählt die eindringliche Geschichte von dem Ritter, der sich ein Auge ausriß nur deshalb, weil seine Frau auch ein Auge verloren hatte.

Auch Ignatius von Loyola stellt in seinen Geistlichen Übungen den Exerzitanten vor eine entsprechende Frage: die Wahl des Leidvolleren, weil auch Jesus den Leidensweg gegangen ist (dritter Grad der Demut). Und das sollte einen Christen aufhorchen lassen: Ob nicht ein wenig von dieser »mystischen Askese« aus Liebe zu dem, der am Kreuz für uns gelitten hat, in das eigene Leben hineingehört? Doch hier müssen Klugheit und Liebe Hand in Hand gehen. Von P. Peter Lippert SJ wird das Wort überliefert: Früher brauchten die Menschen Bußgürtel, um ihr Gott-liebendes Leben zu führen; heute genügen uns schon die eigenen schwachen Nerven.

Vor einigen Jahren gab es in der Theologie eine wissenschaftliche Kontroverse um das Verhältnis des »Schönen« zum »Religiösen«. Stimmen wie die von Henri Bremond, Jacques Maritain oder Thomas Merton (der seine Meinung recht deutlich und entschieden änderte) standen im Gespräch miteinander über die Frage, ob es eine innere Affinität des »Schönen« mit dem »Religiösen« und dem »Christlichen« gibt oder ob nicht umgekehrt das »Schöne« ein Feind des »Religiösen« und das »Religiöse« gar ein Feind des »Christlichen« sei.

Für den katholischen Raum darf man sagen, daß die Lehre des II. Vatikanischen Konzils in dieser Kontroverse eindeutige Akzente gesetzt hat. Die Welt, auch die großen Weltreligionen, stehen nicht einfachhin negativ zur christlichen Botschaft, sondern in wartender Bereitschaft, die sich allerdings selbstgenügsam verschließen oder eben auch öffnen kann. Man darf also aufgrund von prinzipiellen Einsichten kein vorgefaßtes Urteil mit in die Begegnung bringen, sondern muß offen und bereit sein, in dem, was begegnet, das Gute und Wichtige zu ergreifen und auf Gott hin sich öffnen zu lassen.

Und das gilt für jeden Wert, besonders natürlich für Werte, die den Menschen innerlich formen, für ethische, für humane, für ästhetische Werte. Deshalb hat zweifelsohne »Schönheit« eine innere Affinität zum Religiösen und Christlichen; die alte scholastische Lehre der Analogie beruht darauf.

Für das Meditieren aber bedeutet dies: Du sollst die Sensibilität deines Herzens in all dem intensivieren, was dir schön und gut und wichtig erscheint – nicht um darin steckenzubleiben, sondern um die Offenheit zu erspüren, die sich auftut für das Göttliche. Es ist eine gute Definition des Meditierens: die Sensibilität des Herzens einüben und aus ihr heraus der Wirklichkeit begegnen.

Beten als Ernstfall des Meditierens

Je persönlicher eine Meditation wird, um so tiefer schlägt sie ihre Wurzel in der Existenz des Meditierenden. Daher muß für einen Christen – wie entsprechend für jeden anderen Meditierenden – die Frage laut werden: Wie verhält sich diese »Erfahrung« zu meiner christlichen Erfahrung? Welche Beziehung gibt es zwischen dem christlichen Vollzug des Betens und dem »Meditieren«? Welches Verhältnis besteht zwischen der Meditation und den »letzten« Fragen des Menschen?

AUFSTIEG DES GEMÜTES ZU GOTT

Auf die eben gestellte Frage hat die christliche Tradition – nicht nur im praktischen Verhalten, sondern auch im Überdenken und Begreifen – ihre lebendige und sehr modern klingende Antwort gegeben. Für sie kann Meditation, wenn ganzmenschlich und existentiell von einem Christen vollzogen, nur christlich sein.

Als ein Beispiel für die Praxis des meditierenden Betens oder betenden Meditierens möge der Kirchenlehrer Bonaventura stehen. Sein »Itinerarium mentis in Deum«, »Pilgerweg des ›Gemütes‹ zu Gott«, oder seine »Collationes in Hexaemeron«, »Unterweisungen zum ›Sechstagewerk‹ (Gen 1)«, sind geradezu klassische Beispiele für eine »offene« Meditation, die zu Gott führt und in betender Haltung endet. Im »Itinerarium« zeigt sich auch die theoretische Einordnung des Meditativen in die christliche Lebensordnung. Bonaventura setzt an bei der traditionellen Definition des Betens: »Aufstieg des ›Gemütes‹« zu Gott. Bei einer Übersicht über die traditionellen Gebetslehren scheint tatsächlich die Definition von Beten als »Aufstieg« häufiger gebraucht zu werden als die uns meist im Ohr klingende: »Gespräch mit Gott«. Wie dem auch sei, mit dem »Aufstieg des Gemütes« wird genau das gesagt, was »auf Gott hin offene Meditation« genannt wurde.

»Gemüt« meint nach dem reichen mittelalterlichen Sprachgebrauch: »der ganze Mensch, der in seiner Innerlichkeit gesammelt ist«. Damit wird das Wort »mens« aus dem Titel des Buches von Bonaventura »Itinerarium mentis in Deum« ins Deutsche übersetzt. Es wurde in der deutschen Mystik oftmals auch mit »Seelengrund« oder ähnlich wiedergegeben. Es ist gleichsam die Schaltstelle vom Alltagsleben hin zu Gott. »Aufstieg« aber heißt somit nichts anderes, als daß einer sich von den sinnenhaften Gegebenheiten dieser Welt, von den Sinneseindrücken und inneren Erfahrungen nach oben zu Gott erhebt, daß also die Wirklichkeit der Schöpfung wie eine Leiter benutzt wird (übrigens ebenfalls ein beliebtes Bild der alten Spiritualität), um zu Gott aufzusteigen.

Natürlich gibt es für Menschen des ausgehenden 20. Jahrhunderts nun manches, was an solchen alten Gebetslehren mißverständlich oder gar falsch klingt; sicherlich wurden in dieser vergangenen Gesellschafts- und Kulturordnung Akzente gesetzt (wie z. B. der »contemptus mundi«, das heißt »die Verachtung der Welt«), die heute anders liegen müssen. Aber was mit dem »Aufstieg des Gemütes zu Gott« intendiert ist, bleibt heute wie eh und je gültig; man muß es nur aus dem alten Sprachspiel herauslösen. Dann liest man darin die Antwort auf die Frage nach dem Verhältnis des Meditativen zu dem Letzten, was für einen Christen gültig ist. Sie mag etwa folgendermaßen klingen: Setze an bei dem, was dir begegnet und in dir geschieht, führe es tiefer, »verinnerliche« es, und lasse es sich auf Gott hin öffnen. Es handelt sich also um eine »offene Meditation«.

Augustinus drückt das Entsprechende mittels des Zwei-

Stufen-Schrittes aus: von außen nach innen; von innen nach oben. Und auch bei ihm ist zu sehen, daß er zwar die sinnenhafte Welt des »Außen« in der Theorie stark entwertet, um die Innerlichkeit der Sammlung hervorzuheben. Aber im praktischen Vollzug kann man auch bei ihm spüren, wie sehr sein »Aufstieg des Menschen« zu Gott erfüllt ist mit Bild und Erzählung, mit meditativen Erfahrungen, mit Eindrücken aus der Welt des »Außen«.

Die Einheit von Gebet und Meditation ist also klassische christliche Gebetslehre. Nur das ist heute neu, daß der moderne Mensch nicht mehr fraglos in der meditativen Erfahrung von Welt und Umwelt steht und deshalb diesen Zug des Betens neu bedenken und bewußter ausführen muß.

Man darf definitorisch sagen: Es gibt kein wahres Gebet ohne Meditation (im weiten Sinn verstanden). Man muß darüber hinaus einen Schritt weitergehen: Wo jemand als bewußter Christ existentiell, das heißt aus der Tiefe seiner Existenz heraus, meditiert, steht er schon im Gebet. Es wäre für das christliche Gebet wie auch für die wahre, humane Meditation verfänglich, wollte man eindeutige Trennstriche zwischen dem Beten und dem Meditieren setzen. Mit statischen Unterscheidungen kommt man nicht weiter; man muß die Richtung, die Dynamik des Meditierens erkennen, um ihm die Qualität des Betens zu- oder absprechen zu können.

Ein Meditieren, das sich auf Gott hin öffnet, ist somit von Anfang an schon als Gebet zu bezeichnen – auch wenn es der Meditierende sich nicht bewußt macht. Umgekehrt ist eine Meditation, die auf das »Selbstwerden«, auf die Abrundung der eigenen Existenz aus ist, von Anfang an nicht christlich oder gar – wenn dies als Letztwert hingestellt wird – antichristlich. Ein weltanschaulich indifferentes Meditieren gibt es nur an der Oberfläche des menschlichen Daseins, als medizinische oder psychologische Hilfe oder als Körperertüchtigung und

Schulung der Sinneskräfte. Je tiefer das meditative Erspüren in den Menschen hineinreicht, desto eindeutiger ist es weltanschaulich bestimmt, wird es im christlich geprägten Menschen zum Gebet.

WERT DES MEDITIERENS

Eine solche Überlegung macht sowohl Chance wie Gefahr des Meditierens deutlich: Die Chance besteht in einem tieferen, bewußteren und gefüllteren christlichen Beten. Und hier sollte man nicht mit bestimmten Methoden rechten. Es gibt genügend Christen, die den Glauben durch eine Meditationsmethode vertieft haben, die üblicherweise für »nicht christlich« gehalten wird. Als Beispiel mag die sogenannte transzendentale Meditation von Mahesh Maharishi Yogi gelten. Auch sie hat manchem Christen zu einem bewußteren Christentum verholfen. Die Gefahr liegt darin, daß jemand, dem das Christentum fremd ist oder der es gar für falsch hält, durch ein entsprechendes Meditieren (das ganz äußerlich beginnen mag) unmerkbar dem christlichen Glauben noch weiter entfremdet wird. Meditation verstärkt ja dasjenige, was sich sowieso im Menschen befindet. Auch wenn jemand über eine bestimmte Meditationspraxis zum Christentum (zurück-)findet, sind sicherlich andere Faktoren als das reine Meditieren mitbestimmend gewesen: innere Zucht, Wertbegabung, Begegnung mit einem »großen« Menschen, und ähnliches.

Diese Grundgegebenheit, daß die gleiche Meditationsmethode in einem Fall Chance, im anderen aber Gefahr bedeutet, ist besonders bei Einführungen in die Meditation zu bedenken. Es macht einen Unterschied aus, ob man Menschen, die noch nach ihrer eigenen Identität suchen, durch eine Tiefenmeditation des Selbst Wege zur Personwerdung eröffnet, ob man anderen Menschen, die als gefestigte Persönlichkeiten im Dienst am Mitmenschen stehen, über die gleiche Meditationsweise zur inneren Ruhe und Sicherheit führen möchte; oder ob man wieder andere, die eine Neigung zum Narzißmus haben, durch wiederum die gleiche Meditation darin bestärkt. Es ist nicht das gleiche, ob man Menschen in reifem Alter mit der erotisch »sprechenden« Mystik Mechthilds von Magdeburg konfrontiert oder ob man Jugendliche in die gleiche Welt einführt. Das klassische aszetische Prinzip des »agere contra« – das meint: achte auf die nicht entwickelte Seite im Menschen, nicht so sehr auf das, was sowieso überwiegt – muß in der Praxis der Meditationsanweisung gut beachtet werden. Hier hat die Praxis der letzten Jahrzehnte viel Schaden angerichtet. Man sollte einem leibbewußten Menschen geistige Werte eröffnen, während man den verkopften Mitteleuropäer wieder zur Körpererfahrung führen muß.

Was für die »Methode« gilt, hat für die inhaltliche Ausrichtung der Meditation noch stärkere Geltung. Das Meditieren von bestimmten Lebenssituationen oder von Vorlagen aus Kunst, Natur oder Dichtung wird selbstverständlich auch in der Richtung der Grundentscheidung des Meditierenden wirksam. Eine sogenannte »ungegenständliche« Meditation kann einen christlich geprägten Menschen in seiner Entscheidung bestärken, kann aber jemand anderen, der egozentrisch, atheistisch oder skeptisch lebt, weiter weg vom Christentum führen.

Es ist weiterhin verfänglich, dem rein Funktionalen des Meditierens moralisch-existentiellen Eigenwert zuzuschreiben. Durch »Meditieren in sich« ist noch niemand ein besserer Mensch geworden – wohl aber durch die (gerade von ostasiatischen Methoden geforderten) aszetischen Anstrengungen, die für das konsequente Meditieren vonnöten sind; und natürlich ebenso durch die gerade beschriebene »Werthaftigkeit«, die im konkreten Vollzug einer Meditation liegt.

Nicht also das »Meditieren an sich«, wohl aber Umstände, Bereiche und konkrete Haltungen, in denen es geschieht, können in Gefahren führen. Es gibt keine Meditationsmethode, die nicht mißbraucht werden kann – auch die biblische »Meditation« kann wegführen vom Geheimnis Gottes. Es gibt aber auch – wie mir scheint – keine Meditation, die nicht wertvoll werden kann im Reifungsprozeß eines Menschen und für das Wachsen im christlichen Bewußtsein.

GOTTES GEIST IM HERZEN DES MENSCHEN

Für den Christen wird allein schon aus diesen Überlegungen die Einheit von Meditation und Gebet sichtbar. Sie ist aber noch tiefer begründet. Der Apostel Paulus schreibt, daß der »Geist« in uns betet. In den klassischen Versen des 8. Kapitels im Römerbrief, die seine »Dogmatik« beenden, spricht er vom »Geist«, »der euch zu Söhnen macht, ... in dem wir rufen: Abba, Vater!« Einige Zeilen weiter läßt er diesen »Geist«, der in uns betet, zur Mitte einer Bewegung werden, die den ganzen Kosmos umspannt. Paulus spricht von einem dreifachen »Seufzen«:

»Die gesamte Schöpfung bis zum heutigen Tag *seufzt* und liegt in Geburtswehen« (und wartet darin auf das »Offenbarwerden der Söhne Gottes«).

»Wir, die wir als Erstlingsgabe den Geist haben, *seufzen* in unseren Herzen.«

»Der Geist selber tritt für uns ein mit *Seufzen*, das wir nicht in Worte fassen können« (»da wir nicht wissen, was wir in rechter Weise beten sollen«).

Mit dem biblischen Wort »Seufzen« ist ein ganzheitliches, aus dem letzten Inneren aufsteigendes Sich-Sehnen gemeint, das nach Paulus auf Gott und seine Liebe in Jesus Christus sich ausrichtet. Wer barocke Frömmigkeitsschriften kennt, weiß, daß man auch damals dieses tiefe und ganzheitliche Sich-Ausrichten auf Gott immer wieder mit »Seufzen« bezeichnete.

Paulus schlägt in dem Text zwei konzentrische Kreise: Der äußere umfaßt die ganze Schöpfung; der innere ist das menschliche Seufzen, das dieses stumme »Seufzen« der Natur ins Wort fassen und ihm damit eine »Seele« schenken soll. Aber auch der Mensch kann sich nicht in rechter Weise zu Gott erheben; der Geist Gottes ist es letztlich, der in ihm zu Gott betet und seufzt und damit erst seinem Seufzen und dem Seufzen des Kosmos »Geistwirklichkeit« schenkt. Dieser »Geist Gottes« umfaßt also alles von Gott Geschaffene und ist zugleich die Kraft, die dem Menschen erst das wahre »Sich-Ausrichten-auf-Gott«, das wahre »Beten« schenkt.

In späteren Jahrhunderten haben besonders ostkirchliche Theologen (Basileios der Große, Isaak der Syrer) anhand solcher biblischer Zeugnisse die Theologie vom »Geist Gottes« als der dritten göttlichen Person entworfen. Diese abstrakt scheinende Theologie hat aber, wie die Sätze des Apostels zeigen, ihre Basis in der Erfahrung. Im Blick auf den Vollzug des Meditierens und Betens weiß Paulus (wie auch das Johannesevangelium): Dein Meditieren ist, wenn auf Gott geöffnet, zuinnerst vom Geist Gottes getragen. Du allein kannst diese selbstlose »Öffnung« gar nicht leisten. Wir können den Abgrund zwischen Mensch und Gott, zwischen dem Endlichen und dem Unendlichen nur überwinden von Gott her. Damit wir Brüder und Schwestern Jesu und Söhne und Töchter des Vaters seien, »sandte Gott – so schreibt Paulus im Galaterbrief – seinen Geist in unser Herz, den Geist, der ruft: Abba, Vater« (Gal 4,6).

In dieser biblischen Lehre ist die Wahrheit des Pantheismus aufgehoben: Gottes Geist, das heißt Gott in seiner Kraft und seiner Liebe, ist überall gegenwärtig, besondern aber dort, wo ein Mensch sich zu Gott erhebt; dann meditiert, betet, »seufzt« er aus der Kraft des Geistes. »So bezeugt der Geist (Gottes) selber unserem Geist, daß wir Kinder Gottes sind«, heißt es im Römerbrief.

Christliches Meditieren ist also nicht nur äußerlich mit dem Beten verbunden – als Vorbereitung oder als Hilfe.

Schauskizze IV: Meditieren in der Fülle des göttlichen Lebens

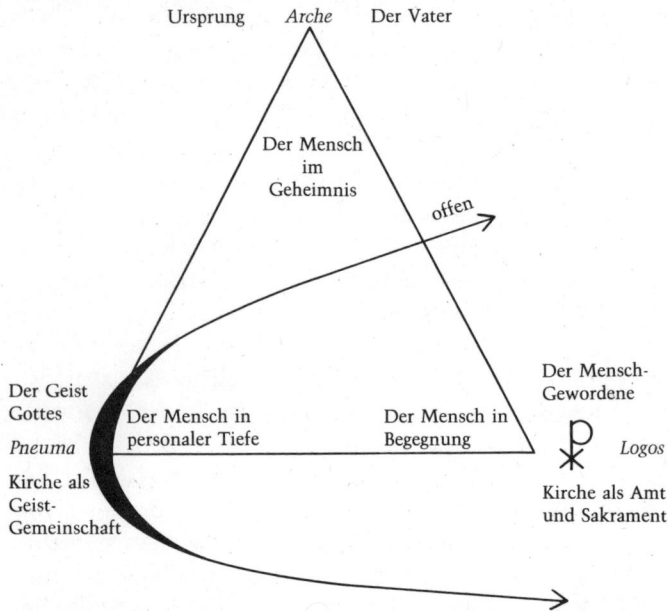

Die Meditation, die sich auf Jesus hin öffnet (vgl. 1 Kor 12, 3; 1 Joh 4, 2f, erweist sich als Beten aus dem Geist Gottes (vgl. Röm 8, 1f. 26f; Gal 4, 6); sie ruft dabei den gleichen Ursprung mit dem Namen »Abba, Vater« (Gal 4, 6; Röm 8, 15f) an, den auch Jesus »Vater Unser« genannt hat (Mt 6, 9 par; Joh 20, 17). Die Offenheit des Meditierens meint in letzter Sinngebung Jesus; ihre subjektive Tiefe gründet in Gottes Geist; geborgen aber ist sie im Geheimnis, das in der absoluten Transzendenz des Vaters wurzelt.

Es öffnet sich zum Gebet, weil und insofern es vom »Geist« angestoßen und dynamisiert ist. Meditieren ist – auch wo es mit beiläufigen Übungen und naturalen Vorlagen beginnt – »Geist«-Gebet, wenn und insoweit es sich zu dem hinbewegt, der uns seinen Geist gesandt hat. »Was« dabei meditiert wird, spielt eine zweitrangige Rolle. Paulus schreibt ja, daß die »ganze Schöpfung« sich sehnt, seufzt nach Gott als ihrem letzten Sinn. Wenn eine Meditation sich in dieses »Seufzen« einfühlt, es »verinnerlicht«, dann ist sie »Geist«-Meditation, die Gottes Schöpfung in ihren von Gott geschenkten Sinn hineinstellt.

JESUS, GOTTES MENSCHGEWORDENE LIEBE

Die Erfahrungstheologie des heiligen Paulus hat ihre existentielle Mitte in Jesus Christus. Die eben zitierten Verse aus dem 8. Kapitel des Römerbriefs enden in dem betenden Bekenntnis, daß »nichts ... uns scheiden mag von der Liebe Gottes, die in Christus Jesus ist, unserem Herrn«. Paulus durfte wie die Jünger des Herrn erfahren, daß Jesus die Sinnantwort auf die Lebensfrage darstellt – er selbst, nicht nur seine Lehre, nicht nur sein Wirken und seine Wunder, sondern er in Person, was in der Erfahrung von Tod und Auferstehung festgeschrieben wurde.
Erfahrung von Jesus, Blicken auf Jesus, Begegnung mit Jesus, Liebe zu Jesus aber geschieht in der Kraft des Geistes Jesu. Auch das ist in den Zeugnissen des Neuen Testaments breit dargestellt. Paulus sei zitiert: »Keiner kann sagen: Jesus ist der Herr!, wenn er nicht aus dem Heiligen Geist redet« (1 Kor 12,3).
Die »offene« Meditation, die in der Kraft des Geistes geschieht, hat ihren Höhepunkt in der Meditation Jesu Christi. Im Blick auf die weltweite Ökumene der Religio-

nen (und zugleich damit das Religionsdekret des II. Vaticanums aufgreifend): Wo ein solches (auf Gott hin) offenes Meditieren geschieht, lebt es in der Kraft des Geistes, den Gott uns durch Jesus und in Jesus geschenkt hat, lebt es also – bewußt oder unbewußt – auf diesen Jesus hin, den »Erstgeborenen der Schöpfung«, wie wiederum Paulus und in unseren Tagen Teilhard de Chardin lehren. Die Konsequenzen für ein Religionsgespräch, die sich daraus ergeben, sind hier nicht zu bedenken; sicherlich beinhalten sie zugleich eine große Freiheit in der Begegnung (überall kann der Geist Jesu Christi wirksam werden) wie auch eine Forderung, sich selbst tief im christlichen Glauben zu verankern (durch Meditation, durch Gebet).

Uns ist wichtig, was dies für das »Meditieren« bedeutet. Auch hier gilt ein Doppeltes: einmal die großzügige Offenheit, die alles und jedes mit in die Meditation hineinzunehmen wagt, die vor keiner Methode Angst hat. Wenn Jesus, der Sohn des ewigen Vaters, ein Teil unserer menschlichen Wirklichkeit, unser Bruder ist, dann darf auch alles, was an Menschlichem uns angeboten wird (der Hebräerbrief schreibt: ausgenommen die Sünde, mit anderen Worten: ausgenommen, wenn sich die Meditation im Selbst verschließt), mithineingenommen werden ins Meditieren.

Zum anderen aber ist wichtig, daß die Mitte des Meditierens die Begegnung mit Jesus sein muß. Was über den Stufenbau der Erfahrung gesagt wurde, kehrt hier wieder und bekommt seine letzte Bestätigung. Paulus schreibt: »Euch gehört alles ... Welt, Leben, Tod, Gegenwart und Zukunft, alles gehört euch; ihr aber gehört Christus, und Christus gehört Gott« (1 Kor 3, 21–23). Genauer kann man das Gemeinte nicht sagen. Den Mut zu der unbeschränkten Weite des Meditierens schenkt die Gewißheit von Jesus Christus; die Kraft zum Meditieren aber ist der Geist Jesu Christi, von dem Paulus in dem zitierten 3. Kapitel des 1. Korintherbriefes schreibt: »Wißt ihr nicht, daß ihr Gottes Tempel seid und der Geist Gottes in euch wohnt?« (1 Kor 3, 16).

Für den konkreten Vollzug mag ein Blick in das Exerzitienbüchlein des heiligen Ignatius genügen. Nach einer existentiellen Besinnung auf die eigene Situation (consideración, in der sogenannten ersten Woche) legt er nichts anderes vor als das (durch sogenannte Eckbetrachtungen akzentuierte) Leben Jesu: contemplación. Und hier bringt er die ganze Sinnesfähigkeit des Menschen ein: Man soll hören, sehen, fühlen usw. Eine »Geist«-betrachtung – eventuell über das Pfingstfest oder die Gnade Gottes im Menschen und in der Kirche – wird nicht vorgelegt; denn der »Geist« Gottes ist es ja, der selbst in uns betet und meditiert, der uns auf Jesus Christus hinweist; in ihm aber findet alles das seine Mitte, was den Meditierenden betrifft.

»ABBA, VATER« – GEHEIMNIS DES URSPRUNGS

Meditieren ist ein Prozeß, der ein ganzes Leben lang dauert. Christliche Mystiker wie Gregor von Nyssa lehren, daß dieser fortschreitende Prozeß auch jenseits des Todes nicht aufhört, daß also – mit den Worten der Dogmatik gesprochen – die ewige Seligkeit in einem steten Wachsen an Freude und Beglückung über Gottes Schönheit besteht. Das Geheimnis Gottes, in das hinein die »offene« Meditation letztlich sich bewegt, ist so tief, so unerschöpflich, daß eine ganze Ewigkeit es nicht ergründen kann.

Wenn ein Meditations-»Meister« auftritt und in irgendeiner Form die Beherrschung dieses Sinngeheimnisses verkündet, wenn er eine sichere Methode zum Erlangen der letzten Gewißheit verspricht, wenn er – im christlichen Sprachgebrauch – eine Überwindung des »Glaubens« durch Erfahrung oder Wissen verheißt, dann profanisiert er damit das Geheimnis des Göttlichen. In der Terminologie vorliegender Überlegungen gesagt: Er hat die Meditation »geschlossen«. Die Ebene, auf der dieses »Sich-Abschließen« geschieht, kann noch so hoch (im sublimst Geistigen) oder noch so tief (im Urgrund des Selbst) geschehen, das »Geheimnis« Gottes wird dadurch in die Verfügbarkeit des menschlichen Zugriffs hineingezogen. Biblisch gesprochen wird damit – trotz aller entgegenstehenden Behauptung – aus der Gnade, dem Geschenk Gottes eine menschliche Leistung, ein Verfügungs- und Herrschaftswissen über Gott. Dogmatisch gesprochen wird Gott – der Anfang, der Vater, die Quelle (Bilder patristischer Theologie) – zum Götzen gemacht. Meditativ aber wird hiermit eines der Grundkriterien für die Offenheit aufgezeigt: Das tiefste Sinngeheimnis bleibt jenseits allen menschlichen Zugriffs, sei es des Erkennens, sei es des Erfühlens oder Erfahrens. Das ist die Ehrfurcht, die ein christliches Meditieren vom ersten Ansatz bis zum letzten betenden Gipfel durchzieht. Die Hl. Schrift spricht an dieser Stelle vom Vater, zu dem Jesus führt: »Mein Vater und euer Vater, mein Gott und euer Gott« (Joh 20, 17).

GEBET UND MEDITATION

Von der Ehrfurcht aus, die aus Gottes ewigem Geheimnis erfließt, müßten die Stufenordnung des Meditierens wie auch seine Strukturen noch einmal bedacht werden: Ehrfurcht vor dem eigenen Leib, Ehrfurcht vor der Natur, Ehrfurcht vor der Freiheit des Bruders und der Schwester. Alle Kriterien für eine offene Meditation können in dieser Haltung zusammenfließen. All das darf in den konkreten Vollzug des Meditierens verwiesen werden. Eine wesentliche Akzentuierung der Ehrfurcht sei aber noch einmal in die Erinnerung gerufen.

Ehrfurcht zeigt sich in der »bereiten« Haltung, die mit der »offenen« Meditation von selbst gegeben ist: nicht ergreifen wollen, nicht begreifen, sondern warten und »bereit« sein. Eine Haltung also, die ein Geschenk staunend annimmt und sich daran freut und die auch nicht enttäuscht ist, wenn ihre Offenheit nicht erfüllt wird; eine Haltung, die bereit ist, ohne aus der Bereitschaft einen moralischen Zwang auf den eventuellen Geber abzuleiten. Kardinal de Lubac hat mit seinem wichtigen Buch »Surnaturel«, das erst von den kirchlichen Behörden unterdrückt wurde, dann aber in zwei verbesserten Bänden neu erschien, in gnadentheologischer Reflexion diese Grundhaltung beschrieben. In dieser Haltung erlebt der Mensch in einem einzigen Vollzug, daß sein Ziel über die eigenen Kräfte hinaus liegt und daß es eben dennoch das Ziel ist, das ihn erfüllt. Er ist angelegt auf Dankbarkeit und Ehrfurcht, aber nicht auf Leistung und Besitz. Eine solche Haltung kann als ein Kriterium der offenen Meditation gelten.

Wenn Gott dem Meditierenden die Erfahrung schenkt, dann ist eine solche meditative Haltung »dankbar« in dem tiefsten Sinn des Wortes. Dankbarkeit hat jede Überlegung von Zurückzahlen abgeworfen; Dankbarkeit schaut auch nicht auf die eigene Erfüllung. Dankbarkeit ruht ganz in dem anderen, der das Geschenk gibt, der in seinem Geben das Geschenk ist.

Und beides – das offene Bereitsein und die Dankbarkeit – entbindet ein niemals aufhörendes Staunen. Logik läßt sich nicht bestaunen – höchstens, daß sie so interessant und vielschichtig funktioniert oder daß jemand virtuos mit ihr umgeht. Staunen liegt tiefer. Man darf wohl fragen, ob im Bestaunen von Naturschönheiten – einem Berg oder einem Wasserfall – nicht immer auch ein personales Moment aufscheint: das Unerwartete, das aus der logischen Gesetzmäßigkeit Heraustretende; ob nicht darin ein Moment personaler Freiheit durchscheint.

Nicht mehr fragen muß man aber, ob die freie Zuneigung eines anderen Menschen Staunen verdient und Staunen verursacht. Und genau dies zeichnet das »offene Meditieren« aus. Ein Mensch, der nicht mehr staunen kann, hat sich abgeschlossen und läßt nichts »Neues« mehr an sich heran.

Staunen kann zur Haltung werden, die ein ganzes Leben formt, die in Begegnungen aufbricht zu einem neuen Erlebnis, die aber auch die Stunden und Tage durchzieht, in denen nichts Besonderes sich ereignet. Staunen zu können ist ein Grundzug des meditativen Daseins. Und mir scheint, »Meditieren« ist durch Staunen richtiger und tiefer charakterisiert als durch die unangreifbare Gelassenheit, die oftmals als Ideal des meditativen Lebens hingestellt wird. Wer staunt, bleibt offen. Und wer im Meditieren staunt, ist auf dem Weg ins Gebet. Denn Beten ist ein einziges Staunen darüber, daß Gott so groß ist und in seiner Größe sich dem Menschen, sich mir zuneigt.

Gottes Dreieinigkeit

Mit dem tieferen Verstehen hat das christliche Beten und Meditieren wie von selbst drei Grundbezüge gefunden: die Ehrfurcht, die es vor das ewige Geheimnis Gottes stellt; die Begegnungsqualität, die vor Jesus Christus, Gottes menschgewordenem Sohn ihre Eindeutigkeit erhält; die Kraft der Innerlichkeit, die Paulus als Gottes Geist erkennt. Christliches Beten und Meditieren gründet in der Wirklichkeit des dreifaltigen Gottes; seine Grundhaltungen sind Spiegelbilder des ewigen Lebens in Gott. Das »Dogma« von Gott, dem Dreifaltigen, ist – wenigstens im Blickwinkel des Gesagten – ein »Erfahrungs«-Dogma, also eine satzhafte Ausprägung von Erfahrungsgegebenheiten.

In unserem Fall des Meditierens/Betens kann sich dies so entwickelt haben: Die Jünger und die junge Kirche haben in Jesus Christus erfahren, daß Gott in ihm da ist, durch ihn seine Liebe unüberholbar gezeigt und den Menschen geschenkt hat. Diese Erfahrung wurde im Laufe der Jahrzehnte durchlebt, überdacht und in Bekenntnisse übersetzt. Dabei wurde es immer deutlicher, daß keine Aussage, die unterhalb der Ebene Gottes bleibt, genügt, um Jesus Christus in seinem Auftrag gültig zu benennen. Schon in den (ursprünglichen) Schlußsätzen des Johannesevangeliums bekennt daher Thomas, der für alle Suchenden steht, von Jesus Christus: »Mein Herr und mein Gott!« (Joh 20, 21).

Ebenso klar aber erkannte der Glaube, daß Gott selbst auch den Anfang setzen muß, damit jemand an Jesus glauben könne, daß Gott also dort wirkt, wo Glaube, Vertrauen, Hoffnung wachsen. »Gott ist die Liebe, und wer in der Liebe bleibt, bleibt in Gott, und Gott bleibt in ihm«, heißt es im 1. Johannesbrief (4, 16). Gott lebt doch in jedem Menschen, aus dem Liebe zu Gott und seinen Mitmenschen aufsteigt. Das war nicht nur abstrakter Glaube, sondern lebendige Erfahrung. Als Paulus aus Korinth und von anderswoher erfuhr, daß dort Christen das Wirken Gottes an sich selbst erlebten, daß in ihren charismatischen Äußerungen Gottes Geist sich äußere, also Gottes Gegenwart im Menschen wirksam wurde, stand er (und mit ihm das Glaubensbewußtsein der Kirche) vor der Frage: Wie geht die Gegenwart Gottes in Jesus Christus mit der Gegenwart Gottes in den Erfahrungen der Christen zusammen? Wie kann man die geschichtliche Offenbarung Gottes in Jesus Christus in einem Glaubensbekenntnis vereinen mit der Gegenwart Gottes in seiner Schöpfung und besonders in den Menschen, die nach ihm rufen, zu ihm beten und sich nach ihm sehnen? Es scheint, daß das Genie des Paulus für diese »Erfahrung« die bekenntnishafte Formulierung fand. Im 1. Johannesbrief findet sich das gleiche Bekenntnis, das auch Paulus im 1. Korintherbrief ausformuliert: »Jeder Geist, der bekennt, Jesus Christus sei im Fleisch gekommen, ist aus Gott« (1 Joh 4, 2). Der gleiche Gott, der in Jesus Christus gegenwärtig ist, lebt auch in der Glaubenserfahrung und -gewißheit des Bekenntnisses zu Jesus Christus. Gottes Geist selbst ist es, der dem Menschen seinen Glauben an Jesus Christus schenkt.

Der bleibende, transzendente, ewige Urgrund dieser zweifachen Gegenwart Gottes in seiner Welt – in Jesus und im Geist Gottes – ist der, den Jesus »Vater« nennt. Die geschichtliche Offenbarung Gottes (in Jesus) und seine kosmische, im betenden Menschen bewußt werdende Anwesenheit (durch den Geist) haben ihren Grund im ewigen Anfang (im Vater). Der Sohn und der Geist ruhen im Vater. Das Offenbarungswort und das geistgewirkte Verstehen dieses Wortes werden von dem einen Urquell des Seins geschenkt.

Die gewichtigen theologischen Äußerungen einer später entfalteten Theologie des dreifaltigen Gottes gründen in »Erfahrungstatsachen«. Die Gestalt Jesu, die Gottes Gegenwart so prägend und unüberholbar den Menschen vermittelt hat, war der Antrieb für das weitere Bemühen um worthaftes Verstehen und Bekennen: Wie kann man mit diesem Jesus und der in ihm erfahrenen Gottesgegenwart umgehen, ohne Gottes Transzendenz zu negieren? Das Ergebnis war: Gott ist dreieinig!

Wie es sich auch um die geschichtliche Entfaltung der dogmatischen Aussagen verhalten mag, für Meditation und Gebet ist es wichtig, das christliche Grunddogma vom dreieinigen Gott als eine »Erfahrungs«-Wahrheit zu verstehen: sich bergen in dem ewigen Geheimnis Gottes, das den Namen »Vater« trägt; ihm begegnen und ihn anschauen, denn Gott hat sein ewiges Wort in diese Welt hineingesprochen; in der eigenen Innerlichkeit ihn finden, denn Gottes Geist lebt in jedem Menschen, der sich Gott öffnet.

Immerwährendes Gebet

Erst in diesem Zusammenhang gewinnt das christliche Meditieren seinen vollen Glanz. Schon die Kirchenväter haben sich mit dem biblischen Satz (besonders bei Lukas und Paulus) beschäftigt: »Betet ständig!« (Lk 18,1; 1 Thess 5,17). Das in der Ostkirche ausgebildete Jesusgebet ist ein Versuch, den biblischen Auftrag ernstzunehmen. Doch man konnte nur mit Mühe etwas damit anfangen: Wer kann ständig beten, ohne regelrecht schizophren zu werden? Man behalf sich und interpretierte das Wort als eine moralische Grundausrichtung: Wer sich bemüht, ständig nach dem Willen Gottes zu handeln, der »betet ständig«. Der große Erforscher der patristischen Spiritualität, P. Irenée Hausherr SJ, hat sich diese Deutung zu eigen gemacht.

Recht verstanden nun kann gerade das Jesusgebet zur besseren Einsicht in das biblische Wort verhelfen. Der Benedictus-Forscher Adalbert de Vogüé OSB hat es vor kurzem gezeigt: Es geht wohl – so wenigstens haben es die meisten Kirchenväter verstanden – um eine »meditative« Grundhaltung des Menschen, in der z. B. ein ganzer Tag mit all seinen Vorkommnissen in der Atmosphäre (im »Wohlgeruch«!) des Vertrauens auf Gott steht. Es geht um eine Grundhaltung, die mit der rationalistischen Unterscheidung: »entweder bewußt oder nicht bewußt« sich nicht greifen läßt. An manchen Tagen spürt man in sich die Stimmung des Guten und Richtigen, die einen viele Stunden hindurch nicht verläßt, ohne daß man ihr besondere Aufmerksamkeit zuwenden muß. So ähnlich, aber auf einer tieferen personalen Ebene, die noch vor dem emotionalen Erspüren liegt, sollte der betende Christ im Vertrauen zu Gott stehen. Auf dieser Ebene, so meint A. de Vogüé, liegt der biblische Auftrag: »Betet ständig!« Und nur so gewinnt er Sinn, ohne in eine Bewußtseinsspaltung hineinzuführen und auch ohne zu moralischen Vorsätzen abgeschwächt zu werden.

Das aber ist eine ausgesprochen »meditative« Haltung. Der Mensch von heute wird sie nicht finden ohne Übung, ohne Ordnung, ohne die Weise, die ihm persönlich entspricht. Aber er darf sich dann auch sagen, daß diese meditative Grundstimmung keine – richtiger gesagt: nicht nur eine – psychologische Haltung bedeutet, sondern getragen ist von der Kraft des göttlichen Geistes. Der neutrale, psychologische Ansatz kann aber eine wichtige Verständnis- und Übungshilfe für diese Haltung bieten. Denn das ist ja die Grundlage von allem Gesagten: die Gewißheit, daß Gott uns in seinem Sohn Jesus Vergebung und Liebe geschenkt hat. Dieses zu meditieren, sich ganzheitlich zu eigen zu machen, wird zur Basis des Betens.

Der Rabbi von Kobryn lehrte: »Gott spricht zum Menschen, wie er zu Mose sprach: ›Tue die Schuhe von deinen Füßen‹ – tue die Gewöhnung (hebr.: regel) ab, die deinen Fuß (hebr.: hergel) umschließt, und du wirst erkennen, daß der Ort, auf dem du eben jetzt stehst, heiliger Boden ist: Denn es gibt keine Lebensstufe, auf der man nicht, überall und allezeit, Gottes Heiligkeit finden könnte.«

MARIA, URBILD CHRISTLICHER MEDITATION

Wo christliche Frömmigkeit sich entfaltet, gewinnt die Gestalt Marias an Bedeutung. Das zeigt sich in den gotischen oder barocken Domen der Vergangenheit, das zeigt sich bei den evangelischen Gemeinschaften oder der wirklichen (!) Befreiungstheologie der Gegenwart. Dabei bekommt die Gestalt der Mutter Jesu eine Bedeutungsweite, die von der allgemein-typologischen Verehrung als Urbild des Glaubens (M. Luther), als Urbild der Kirche (Patristik) bis zu dem ganz persönlichen Ansprechen in der Marienverehrung des späten Mittelalters, in modernen und alten Marienwallfahrtsorten reicht. Am Beispiel einer biblischen Exegese sei dies als Abschluß und als Zusammenfassung des Gesagten in eben dieser Breite gezeigt.

Es geht um das dreifache Engelswort in der Verkündigungsgeschichte, das – wie mir scheint – deutlich auf eine dreifache »Gegenwart« Gottes in Gebet und Meditation hinweist. Voraussetzung ist allerdings eine meditative Schau auf den Text von Lk 1,26–38. Es wird nämlich darin kein biographischer Bericht geboten, sondern eine narrative Theologie, die fragt: Wie kann es nur gewesen sein, als das Wunder der Menschwerdung geschah? Wie von selbst wird eine solche Frage in Analogie zur eigenen (persönlichen und kirchlichen) Gotteserfahrung beantwortet. Dabei ist die Frage gleichgültig, ob die persönliche Erfahrung des dreifaltigen Geschehens gleichsam »abgelesen« wird an der Begegnung Gottes mit Maria oder ob die Menschwerdung von der persönlichen Erfahrung her ausgedeutet wird; denn es handelt sich um ein einziges Grundgeschehen: Gott berührt diese unsere Welt. Die Exegese der Verkündigungsgeschichte weitet sich von selbst zu einer Typologie der christlichen Gotteserfahrung.

Der Engel trat bei ihr (Maria) ein. Sein erster Gruß ist alttestamentlich. Das Wort *Der Herr ist mit dir* spricht die Grunderfahrung Israels aus. Es ist die Erfahrung des Namens Gottes, der im Dornbusch dem Mose mitgegeben wird: *Ich bin der »Ich-bin-da«* (Ex 3,14); es ist die Erfahrung des Wüstenzugs, die in der Wolke (Schechinah) und auf Sinai sichtbar wurde. Es ist die Tempelgegenwart Gottes. Es ist der rote Faden aller Psalmen: Gottes Anwesenheit oder Gottes – von Israel verschuldete und beklagte – Abwesenheit. Es ist auch der Name, den Jesaja für den kommenden Messias verkündet: Immanuel, das heißt Gott mit uns. Es ist die unzerstörbare Sehnsucht jeder Gotteserfahrung, die im Neuen Testament durch Jesu Wort vom *Abba, Vater!* unüberbietbare Gewißheit erhalten hat.

Maria reagiert alttestamentlich: Sie erschrickt; aber ihr »Meditieren« *(darüber nachsinnen)* leitet über ins Neue Testament.

Und der zweite Gruß des Engels, der das »Begnadetsein« des ersten konkretisiert, ist auf Jesus bezogen. Er ist die konkrete Gnade, die der Vater uns (zuerst Maria) schenkt. Was also je über die Gnade, über Gottes Gegenwart im Menschlichen, zu sagen ist, muß abgelesen und gemessen werden an der substantiellen Gnade, die Jesus Christus heißt.

Zwei Grundweissagungen über den Messias – die prophetische des Jesaja *(Du wirst ein Kind empfangen)* und die königliche des David *(Er wird in Ewigkeit herrschen)* – greifen die Geschichte der alttestamentlichen Erwartung auf und lassen sie wie im Scheitelpunkt zusammenlaufen: *Du hast bei Gott Gnade gefunden.* Und wir müssen diese Gnade ganz konkret begreifen. Sie trägt den Namen Jesus. In ihm wird die Verheißung des Jesaja sichtbar: *Man wird ihm den Namen Immanuel geben, was übersetzt heißt: Gott mit uns* (Mt 1,23).

Marias Antwort ist wiederum theologisch genau: *Wie kann das geschehen?* Wie kann der Abgrund zwischen dem unendlichen Gott und dem endlichen Menschen überwunden werden? Die Antwort des Engels weist auf die Gegenwart Gottes im Herzen des Menschen: *Der Heilige Geist wird über dich kommen.* Wenn man diese – ich möchte im liturgischen Sinn der Ostkirche sagen: Wandlungs- – Worte mit der »Geburt« der Kirche zu Anfang der Apostelgeschichte (1,8) vergleicht, entdeckt man den gleichen Wortlaut wie in Lk 1 *(Ihr werdet die*

Kraft des Heiligen Geistes empfangen, der auf euch herab-
kommen wird). Was in Maria anfanghaft-personal geschah, geschieht am Pfingstfest für die Kirche anfang-
haft-sozial, geschieht in jedem Menschen, der dem wahren Gott begegnet.

Das letzte Engelswort wird leider meist in nivellierender
Übersetzung wiedergegeben. Es ist ein Zitat aus der Sep-
tuaginta (Gen, Jer), und man hat die abstrakte Überlegung angestellt, daß der hebräische Terminus für Wort
zugleich auch Tat bedeutet. Und so lautet die Übersetzung normalerweise: *Bei Gott ist kein Ding unmöglich.*
Doch das griechische »ouk räma adynaton« heißt wört-
lich: *Kein Wort, das von Gott kommt, wird ohne Kraft*
sein. Wiederum wird der trinitarische Bezug dieser Gotteserfahrung deutlich.

Was in Maria anfanghaft geschah, was in der Geburt der
Kirche sich sozial wiederholte (es gibt noch andere, ähnliche Parallelen zwischen dem Aufbau des Lukasevange-
liums und dem der Apostelgeschichte), ist ein Bild für jedes christliche Beten und Meditieren: Stets birgt sich der
christliche Beter in Gottes weise und machtvolle Gegenwart. Es ist der Gott des Alten Testaments, den Jesus seinen Vater nennt und der mit seiner Gegenwart *(Der Herr*
ist mit dir) alles umgibt und alles behütet. Dieser Gott
bleibt das Geheimnis des Anfangs; er sendet seinen Engel, da er jenseits aller Greifbarkeit ist.

Stets begegnet der christliche Beter Jesus Christus, in
dem Gott nicht nur sichtbar wird wie in irgendeinem
hinduistischen Avatar; in ihm ist Gott geschichtlich ein-
malig und absolut »da« und hat Gestalt angenommen als
Mensch. Unwiderruflich ist dies die Stelle der Geschichte, wo die Menschheit untrennbar an Gott ange-
bunden ist; denn ein Bruder aller Menschen verdient
den Namen: Gott. Diese »Sichtbarkeit« und »Geschicht-
lichkeit« Gottes geben dem christlichen Beten Klarheit
und Entscheidung; denn Gott hat gezeigt, daß er an-

sprechbare Gestalt besitzt. Der Mensch ist herausgefordert zur Antwort.

Stets findet der christliche Beter in sich den Gott, der in ihm und als derselbe auch in der kirchlichen Gemeinschaft lebt. Es ist Gottes Geist, wie die Kirche im Laufe der Jahrhunderte immer klarer herausstellt. Nur weil Gottes Geist in uns betet und meditiert, gibt es Erfahrung von Gott, der in Jesus zu uns spricht. Alles weitere, was die Theologie an Wahrheiten sagen möchte, ist die Entfaltung dieses Grundgeschehens der Begegnung eines Menschen mit Gott – des ersten Menschen Maria, der Kirche, deren Urbild sie ist, und deshalb jedes Christen.

Beten und betendes Meditieren bedeuten für den Christen stets eine Berührung mit Gott in seiner dreifachen Wirklichkeit: mit Gott, dem ewigen Geheimnis des Anfangs, der alles umgreift; mit Gott, der als Gestalt ansprechbar ist und dies in Jesus Christus endgültig gezeigt hat; mit Gott, der im Herzen des Menschen und in der Mitte der Kirche lebt. Meditieren ist daher für den Christen nicht nur irgendeine fromme, beliebige Tätigkeit. Es wurzelt – wenn es nur christlich geschieht – in der Mitte seiner Existenz, in der Mitte des Glaubens; es führt zu Gottes Geist, der allein die Kraft gibt, daß ein Mensch sich zu Gott kehren kann. *Kein Wort, das von Gott kommt, wird kraftlos sein.*